EERSTE EDITIE - Gepubliceerd in 2022

Extra grafisch materiaal van: www.freepik.com
Dank aan: Alekksall, Starline, Pch.vector, Rawpixel.com, Vectorpocket, Dgim-studio, Upklyak, Macrovector, Stockgiu, Pikisuperstar & Freepik.com Designers

Ontdek gratis online spelletjes

Hier verkrijgbaar:

BestActivityBooks.com/FREEGAMES

5 TIPS OM TE BEGINNEN!

1) HOE OP TE LOSSEN

De Puzzels zijn in een Klassiek Formaat:

- Woorden worden verborgen zonder pauzes (geen spaties, streepjes, ...)
- Oriëntatie: Voorwaarts & Achterwaarts, Boven & Beneden of in Diagonaal (kan in beide richtingen)
- Woorden kunnen elkaar overlappen of kruisen

2) ACTIEF LEREN

Naast elk woord is een spatie voorzien om de vertaling te noteren. Om actief te leren vindt u een **WOORDENBOEK** aan het einde van deze editie om uw kennis te controleren en uit te breiden. U kunt elke vertaling opzoeken en opschrijven, de woorden in de puzzel vinden en ze vervolgens aan uw woordenschat toevoegen!

3) TAG JE WOORDEN

Hebt u al geprobeerd een labelsysteem te gebruiken? U zou bijvoorbeeld de woorden die moeilijk te vinden waren kunnen markeren met een kruis, de woorden die u leuk vond met een ster, nieuwe woorden met een driehoek, zeldzame woorden met een ruit enzovoort...

4) ORGANISEER UW LEREN

Wij bieden ook een handig **NOTITIEBOEKJE** aan het eind van deze uitgave. Of u nu op vakantie, op reis of thuis bent, u kunt uw nieuwe kennis gemakkelijk ordenen zonder dat u een tweede notitieboek nodig hebt!

5) AFGESLOTEN?

Ga naar de bonussectie: **FINAAL UITDAGING** om een gratis spel te vinden dat aan het einde van deze editie wordt aangeboden!

Wil je meer leuke en leerzame activiteiten? Het is Snel en Eenvoudig!
Een hele collectie spelboeken slechts **één klik verwijderd!**

Vind uw volgende uitdaging bij:

BestActivityBooks.com/MijnVolgendeBoek

Klaar... Start!

Wist u dat er zo'n 7000 verschillende talen in de wereld zijn? Woorden zijn kostbaar.

We houden van talen en hebben hard gewerkt om de boeken van de hoogste kwaliteit voor u te maken. Onze ingrediënten?

Een selectie van onmisbare leerthema's, drie grote plakken plezier, dan voegen we er een lepel moeilijke woorden en een snuifje zeldzame woorden aan toe. We serveren ze met zorg en een maximum aan verrukking, zodat je de beste woordspelletjes kunt oplossen en veel plezier beleeft aan het leren!

Uw feedback is essentieel. U kunt een actieve bijdrage leveren aan het succes van dit boek door een recensie achter te laten. Vertel ons wat u het meest beviel in deze editie!

Hier is een korte link die u naar uw bestelpagina brengt:

BestBooksActivity.com/Recensies50

Bedankt voor uw hulp en veel plezier met het spel!

Linguas Classics

1 - Metingen

```
S  V  O  L  U  M  E  N  L  D  I  U  P  T
T  O  N  A  K  P  G  F  I  E  P  M  G  D
E  C  H  B  Š  A  A  R  T  C  H  C  K  M
P  N  A  T  I  N  Č  A  A  I  J  S  S  E
E  V  И  G  R  G  V  U  R  M  I  N  U  T
N  P  M  K  I  L  O  G  R  A  M  K  C  A
M  A  T  E  N  P  D  Z  N  L  P  S  B  R
R  Y  E  V  A  M  A  U  E  N  И  T  M  H
D  U  Ž  I  N  A  F  A  B  E  B  A  M  T
M  N  I  S  C  Y  Z  I  S  I  I  A  P  U
A  C  N  I  E  C  H  G  A  J  N  E  J  Z
S  A  A  N  A  K  C  H  H  J  H  A  И  T
E  V  C  A  K  I  L  O  M  E  T  A  R  K
C  E  N  T  I  M  E  T  A  R  J  I  B  K
```

ŠIRINA	KILOGRAM
BAJT	KILOMETAR
CENTIMETAR	DUŽINA
DECIMALNE	LITAR
DUBINA	MASE
TEŽINA	METAR
STEPEN	MINUT
GRAM	UNCA
VISINA	TONA
INČA	VOLUMEN

2 - Keuken

```
Č I N I J U P U L Z S G R N
S A L V E T A O J R D A K O
V J J И Z A M R Z I V A Č Ž
G B V N K E C E L J A F N E
R O Š T I L J A E Z V R Č V
V E N Y P K A Š I K E И И I
H I C B A C N E U A C Ž F Š
L И L E L O N C A O P I R T
U E S J P Z A Č I N I D R A
Z P U P U T E G L U J E E P
И A N Z J Š O L J E I R R I
L B Đ R V P K B P F G D N Ć
E U E R B M V E G T T F A I
P H R A N A O Z U K D P J E
```

ŠOLJE
ŠTAPIĆI
ROŠTILJ
ČAJNIK
FRIŽIDER
ČINIJU
VRČ
KAŠIKE
NOŽEVI
RERNA

LONCA
TEGLU
RECEPT
KECELJA
SALVETA
ZAČINI
SUNĐER
HRANA
VILJUŠKE
ZAMRZIVAČ

3 - Boten

```
P O M O R S K E И S R P J C
U T A L A S A K S P T B E H
G B A F U И K T I L R D Z K
B M И И C J O G D A A O E T
P O S A D E N N R V J K R K
G R V O J G O A O E E P O A
Y E E A N K P U L O K E A N
R P V P И И A T R P T E J E
B J J E A M C I J A H T E A
A И K A I D C Č E U Z S J O
M O T O R H U K A N U I C D
V P I И Y B A I Y P D U B A
H A D K A Y O H B V Y И U Z
K A J A K R J L B E N I D M
```

SIDRO	JEZERO
POSADE	MOTOR
BOVA	NAUTIČKIH
DOK	OKEAN
TALASA	REKE
JAHTE	KONOPAC
KAJAK	TRAJEKT
KANU	SPLAV
POMORSKE	MORE
JARBOL	

4 - Chocolade

```
Z  K  J  G  O  R  K  A  S  M  P  P  P  H
J  A  A  E  E  Y  K  V  L  T  R  И  G  A
U  U  N  L  Y  I  J  E  A  G  A  D  K  K
K  R  P  A  O  V  B  L  T  L  H  P  M  A
U  K  U  S  T  R  I  C  K  K  I  H  J  K
S  E  G  G  U  S  I  D  O  A  K  T  R  A
N  K  O  K  O  S  K  J  A  R  I  N  E  O
O  Š  E  Ć  E  R  A  I  A  O  K  D  C  T
S  A  S  T  O  J  A  K  S  M  I  H  E  N
O  M  I  L  J  E  N  I  J  E  R  O  P  N
E  G  Z  O  T  I  Č  N  E  Z  I  P  T  J
K  A  R  A  M  E  L  E  Z  E  K  G  M  H
A  B  O  M  B  O  N  A  F  N  I  И  T  I
A  N  T  I  O  K  S  I  D  A  N  S  C  O
```

ANTIOKSIDANS
AROME
ZANATSKI
GORKA
KAKAO
KALORIJA
EGZOTIČNE
OMILJENI
UKUSNO
SASTOJAK

KARAMEL
KOKOS
KVALITET
KIKIRIKI
PRAH
RECEPT
UKUS
BOMBONA
ŠEĆERA
SLATKO

5 - Tijd

```
R  G  A  O  Z  G  И  J  A  A  P  K  B  S
G  A  O  O  B  B  Y  U  J  E  O  A  U  E
F  G  N  D  D  S  A  T  R  S  D  L  D  И
P  O  G  O  I  K  L  R  B  I  N  E  U  I
O  D  N  G  I  Š  K  O  F  R  E  N  Ć  C
F  I  E  P  J  Z  N  O  И  B  B  D  N  И
A  N  D  A  N  S  N  J  V  P  H  A  O  D
U  A  E  S  И  U  Y  U  E  U  P  R  S  V
A  C  L  R  J  T  I  Č  K  R  A  D  T  P
P  R  J  H  D  R  A  E  G  A  F  A  Y  R
O  O  A  J  S  A  S  A  D  A  F  N  F  K
S  A  T  D  E  C  E  N  I  J  E  A  O  M
L  D  M  R  Z  M  E  S  E  C  A  S  P  Ć
E  O  M  I  N  U  T  V  A  T  B  F  V  Y
```

DAN
DECENIJE
VEK
JUČE
GODINA
GODIŠNJE
KALENDAR
MESECA
PODNE
MINUT

SUTRA
POSLE
NOĆ
SADA
JUTRO
BUDUĆNOST
SAT
DANAS
RANO
NEDELJA

6 - Meditatie

```
P O K R E T K M S B U D A N
L A T V N O T U A Z J И M Y
J D Ž I D O D Z O I E P V L
U I S N Š R M I S L I S I V
B S Z V J I A K E K C R M M
A A P C K A N A Ć F T E J E
Z N F H P L A A A O M Ć A N
N J O N И N Y G N M F A S T
O E C E M O C I J A I H N A
S N P P T L J И E D A R O L
T P E R S P E K T I V E Ć N
P R I R O D A O S T A V E E
Z A H V A L N O S T K U T Z
P O S M A T R A N J E Z H Y
```

PAŽNJA
DISANJE
POKRET
ZAHVALNOST
EMOCIJA
MISLI
SREĆA
JASNOĆE
STAV
SAOSEĆANJE

MENTALNE
MUZIKA
PRIRODA
POSMATRANJE
PERSPEKTIVE
TIŠINA
MIR
LJUBAZNOST
BUDAN

7 - Zomer

```
P L A Ž A M D G E L S I Z N
N B M U Z I K A V P L J Z I
G A P O R O D I C A O G H K
H Š O S R A B S N И B P B U
T T K И I E K G D T O R H Ć
K A M P O V A N J E D I Z A
P P N S E Ć A N J A N J K F
S U J И Z E S E Z I O A S V
H T I S V O D M O R G T A T
R O N J E N J E I A G E N C
A V Z S Z U P E G B P L D K
N A R M D T L O R M D J A B
A T O E E F K P E Y T I L V
A I F M R A D O S T J P E C
```

KNJIGE
RONJENJE
PORODICA
IGRE
SEĆANJA
KUĆA
KAMPOVANJE
MUZIKA
PUTOVATI
SANDALE

ZVEZDE
PLAŽA
BAŠTA
ODMOR
HRANA
RADOST
PRIJATELJI
SLOBODNO
MORE

8 - Vogels

```
N  I  S  C  Z  Y  F  P  G  P  V  I  V  T
D  O  G  C  J  L  K  A  U  I  R  O  D  A
O  D  J  V  V  F  A  P  S  L  A  B  U  D
K  U  K  A  V  I  C  A  K  E  N  G  B  O
R  J  A  J  E  S  A  G  A  P  A  A  B  E
H  E  R  O  N  P  B  A  O  E  A  L  I  C
P  A  U  N  P  I  B  J  L  L  T  E  F  J
F  L  A  M  I  N  G  O  J  I  U  B  S  I
P  A  T  K  A  G  J  I  N  K  K  B  S  C
D  C  R  M  P  V  T  K  T  A  A  Y  U  L
S  K  M  N  Y  I  I  U  L  N  N  K  Z  H
J  O  C  A  S  N  H  S  V  R  A  P  C  A
И  A  V  M  И  P  P  U  B  N  I  I  G  Y
T  D  R  A  N  A  U  T  N  P  A  U  B  I
```

GOLUB
PATKA
JAJE
FLAMINGO
GUSKA
PILE
KUKAVICA
VRANA
GALEB
VRAPCA

RODA
PAPAGAJ
PAUN
PELIKAN
PINGVIN
HERON
NOJA
TUKAN
SOVA
LABUD

9 - Behoud

```
E D P O P T R S F O A P S Z
K N E O D C C T C C U R M D
O N S A O R G A N S K I A R
L Z T P P S Ž N Z B L R N A
O A I I H P Y I E C I O J V
Š G C E P K V Š V P M D I L
K A I I A J T O Z A N T J
A Đ D N J N O E D E C O I E
R E C I K L I R A L F H Y S
J N I B R I G A H E P N A U
C J K V M V O L O N T E R H
Z A L H E M I K A L I J E L
F B U O B R A Z O V A N J E
S E S E K O S I S T E M B R
```

HEMIKALIJE	OBRAZOVANJE
ODRŽIV	ORGANSKI
EKOSISTEM	PESTICID
CIKLUS	RECIKLIRA
ZDRAVLJE	SMANJITI
ZELEN	ZAGAĐENJA
STANIŠTE	VOLONTER
KLIMA	VODA
EKOLOŠKA	BRIGA
PRIRODNO	

10 - Wiskunde

```
U  P  A  R  A  L  E  L  O  G  R  A  M  B
P  P  P  A  R  A  L  E  L  N  I  P  I  O
R  D  R  U  G  L  O  V  A  G  T  S  K  P
A  E  A  A  R  A  R  A  N  E  L  A  D  E
V  C  R  V  E  K  S  P  O  N  E  N  T
O  I  I  V  N  D  U  L  M  V  P  S  L
U  M  T  A  O  N  O  D  S  E  K  O  I  I
G  A  M  D  L  L  B  H  M  T  A  L  M  Y
A  L  E  R  U  A  I  K  O  R  K  I  E  A
O  N  T  A  M  C  M  S  L  I  R  G  T  O
N  E  I  T  E  P  L  O  F  J  A  O  R  S
I  J  K  I  N  H  A  P  R  E  Č  N  I  K
K  I  A  T  R  O  U  G  A  O  R  A  J  E
J  E  D  N  A  Č  I  N  A  U  F  I  A  E
```

SFERI
DECIMALNE
PREČNIK
ODSEK
TROUGAO
EKSPONENT
GEOMETRIJE
UGLOVA
UPRAVNO
OBIM

PARALELNI
PARALELOGRAM
PRAVOUGAONIK
ARITMETIKA
SIMETRIJA
POLIGONA
JEDNAČINA
KVADRAT
VOLUMEN

11 - Camping

```
F A A Y A V A N T U R A Y D
S J E Z E R O C V O F K C R
K A N U M C И H И I T D R V
O Ž I V O T I N J E S F U E
M A P A A P O Ž A R C E A Ć
P M E S E C L A T R L N Ć A
A P M Z V L D A H Z H J J A
S K O N O P A C N K P E D J
I N S E K T O L M I V R K L
B P Š O A I Š U M A N M A O
G I C A Y P E A K H E E B V
F J Y N T Y Š N D P M A I E
K U H S F O I O D C R Z N M
P N N Z E P R I R O D A E И
```

AVANTURA	LOV
PLANINE	MAPA
DRVEĆA	KANU
ŠUMA	KOMPAS
POŽAR	FENJER
KABINE	MESEC
ŽIVOTINJE	JEZERO
VISEĆA	PRIRODA
ŠEŠIR	ŠATOR
INSEKT	KONOPAC

12 - Activiteiten

```
A Z A D O V O L J S T V O R
B K F O T O G R A F I J E E
A A T Š M A G I J A R P E L
Š M R I S K E R A M I K E A
T P И V V L И E C C B P O K
O O C E B N O C P C O Y A S
V V A N I A O B C P L E S A
A A T J F I L S O B O P L C
N N E E U E O I T D V P I I
S J V E Š T I N A P N Z K J
T E V T Z A N A T A F O U A
V Č I T A N J E S L B O И E
O U M E T N O S T O B F J C
Z A G O N E T K E V O S O A
```

AKTIVNOST	MAGIJA
ZANATA	ŠIVENJE
PLES	RELAKSACIJA
FOTOGRAFIJE	ZADOVOLJSTVO
RIBOLOV	ZAGONETKE
LOV	SLIKU
KAMPOVANJE	BAŠTOVANSTVO
KERAMIKE	VEŠTINA
UMETNOST	SLOBODNO
ČITANJE	

13 - Vormen

```
K  J  D  M  K  L  I  P  R  I  Z  M  E  U
A  F  N  C  O  U  O  K  R  U  G  L  I  V
L  F  B  I  S  K  P  O  L  I  G  O  N  A
O  V  A  L  N  E  K  V  A  D  R  A  T  H
Z  D  O  I  D  P  S  F  E  R  I  P  C  I
V  Z  M  N  R  P  I  S  T  R  A  N  A  P
R  Z  K  D  I  V  P  R  I  F  B  A  N  E
J  P  R  A  V  O  U  G  A  O  N  I  K  R
K  И  T  R  O  U  G  A  O  M  R  E  D  B
V  R  K  R  T  Z  A  M  I  U  I  P  F  O
C  A  I  O  G  Z  O  D  V  E  M  D  A  L
E  L  K  V  C  V  A  O  I  R  U  T  E  A
T  C  J  A  E  K  A  M  C  K  R  U  G  M
S  P  Z  Y  D  D  A  N  E  G  I  B  D  Z
```

SFERI	KOCKA
LUK	RED
CILINDAR	OVALNE
KRUG	PIRAMIDE
KRIVE	PRIZME
TROUGAO	IVICE
UGAO	PRAVOUGAONIK
HIPERBOLA	OKRUGLI
STRANA	POLIGONA
KLIP	KVADRAT

14 - Astronomie

```
M  Z  P  A  O  Z  E  G  R  S  R  S  J  A
E  E  E  S  P  V  P  Z  P  A  A  Z  Y  A
T  M  S  A  T  E  L  I  T  Z  V  R  E  S
E  L  P  E  M  Z  A  P  U  V  N  A  N  И
O  J  N  A  C  D  N  O  И  E  O  Č  E  K
R  E  A  R  E  A  E  P  T  Ž  D  E  B  R
K  O  S  M  O  S  T  P  S  Đ  N  N  U  A
Z  Y  P  K  O  M  E  T  A  E  E  J  L  K
A  V  A  S  T  E  R  O  I  D  V  A  A  E
T  E  L  E  S  K  O  P  A  I  N  V  P  T
O  P  S  E  R  V  A  T  O  R  I  J  E  A
A  S  T  R  O  N  O  M  K  Z  C  D  P  Y
И  G  E  U  S  V  E  M  I  R  A  Y  P  N
I  A  E  A  S  T  R  O  N  A  U  T  A  J
```

ZEMLJE	OPSERVATORIJE
ASTEROID	PLANETE
ASTRONAUTA	RAKETA
ASTRONOM	SATELIT
RAVNODNEVNICA	ZVEZDA
KOMETA	SAZVEŽĐE
KOSMOS	ZRAČENJA
MESEC	TELESKOP
METEOR	SVEMIR
NEBULA	

15 - Emoties

```
M  S  И  E  G  C  Y  M  S  P  A  T  H  M
N  T  Z  G  L  Z  C  I  T  P  D  B  A  I
D  E  Y  A  K  G  S  R  A  M  O  T  A  R
I  Z  N  E  N  A  Đ  E  N  J  E  K  B  N
S  Z  S  S  D  O  P  U  Š  T  E  N  O  O
Z  A  H  V  A  L  A  N  D  U  E  N  U  J
D  D  D  G  M  J  C  Z  Y  S  I  P  O  N
O  O  U  R  S  U  A  T  M  G  N  L  K  E
S  V  M  G  Ž  B  E  S  J  Ļ  D  U  O  Ž
A  O  P  B  L  A  Ž  E  N  S  T  V  O  N
D  L  U  C  I  V  J  R  A  D  O  S  T  O
E  J  R  E  L  J  E  F  Z  J  T  E  U  S
И  A  Y  E  S  V  U  S  T  R  A  H  G  T
U  N  S  I  M  P  A  T  I  J  E  Z  A  R
```

STRAH	SPOKOJ
SRAMOTA	SIMPATIJE
ZAHVALAN	NEŽNOST
TUGA	ZADOVOLJAN
BLAŽENSTVO	IZNENAĐENJE
SADRŽAJ	DOSADE
MIRNO	MIR
LJUBAV	RADOST
OPUŠTENO	BES
RELJEF	

16 - Vakantie #2

```
O Y P L P T N K O D M O R P
T S U Z A V I Z A E K Z E L
A C T P A S O Š M T B O Z A
K O O R E Y S A P A G R E Ž
S S V E V V T T I S P P R A
I B A V D O R O Y I N A V D
G A N O U B A R T J E N A S
S V J Z O N N P T P F A C Y
T H E E Y A I S K B P N I H
R H O R K A M P O V A N J E
A N T T O D R E D I Š T E M
N H N R E S T O R A N V I N
A G V K S L O B O D N O E R
C A E R O D R O M M O R E P
```

ODREDIŠTE	REZERVACIJE
STRANAC	RESTORAN
STRANI	PLAŽA
OSTRVO	TAKSI
HOTEL	ŠATOR
MAPA	ODMOR
KAMPOVANJE	PREVOZ
AERODROM	VIZA
PASOŠ	SLOBODNO
PUTOVANJE	MORE

17 - Weersomstandigheden

```
V D T L P Y D D U G A P P M
C L U R A G A N V R D O O U
S E A R O B L A K M A L P N
M D B Ž Z P K O A L P A L J
K A P H A E S N V J C R A E
M A G L A N A K I A V N V K
U F O T N E B O E V J I A Y
A T M O S F E R A I T F K И
И P F R V A Z D P N O H S O
T J E N E И V Z И A I U U F
Y C K A T R N K L I M A Š F
N K N D A O L U J A B P E Z
P T N O R M O N S U N T N И
T E M P E R A T U R A Y L N
```

ATMOSFERA
MUNJE
GRMLJAVINA
SUŠE
NEBO
LED
KLIMA
MAGLA
MONSUN
URAGAN

POPLAVA
POLARNI
DUGA
OLUJA
TEMPERATURA
TORNADO
TROPSKE
VLAŽAN
VETAR
OBLAK

18 - Strand

```
Y  P  C  T  Z  G  P  O  S  J  H  G  J  L
M  K  P  G  A  A  O  P  A  D  H  F  E  C
P  S  E  G  O  E  D  O  V  И  I  I  D  S
J  H  P  B  C  K  O  S  T  R  V  O  R  A
K  S  F  R  B  E  D  U  Y  O  M  K  I  Y
D  A  S  M  U  O  M  N  G  G  H  I  L  D
V  J  A  A  S  V  O  C  N  R  O  Š  I  Z
P  U  N  G  J  D  R  E  A  J  E  O  C  И
E  L  D  F  C  O  B  A  L  E  U  B  A  T
Š  Z  A  P  K  K  K  H  Z  J  Y  R  E  O
K  V  L  V  M  O  R  E  I  C  L  A  I  N
I  P  E  S  A  K  A  L  A  G  U  N  E  V
R  L  P  G  D  A  B  C  T  N  L  O  K  U
O  И  M  Z  C  Č  A  M  A  C  N  Z  A  V
```

PLAVA	KIŠOBRAN
ČAMAC	GREBEN
DOK	SANDALE
OSTRVO	ODMOR
PEŠKIR	PESAK
KRABA	MORE
OBALE	JEDRILICA
LAGUNE	SUNCE
OKEAN	

19 - Eten #2

```
V  И  K  S  J  B  Z  H  I  G  L  F  P  G
A  C  P  P  Z  Y  G  E  L  C  F  B  A  A
P  S  G  R  O  Ž  Đ  A  J  E  M  A  T  D
A  P  P  B  C  B  Y  S  B  L  B  D  L  D
R  I  J  A  B  U  K  A  V  S  Y  E  I  K
A  R  A  P  R  H  G  Y  U  F  B  M  D  R
D  I  J  Š  O  A  A  N  A  N  A  S  Ž  I
A  N  E  E  K  L  G  C  V  D  N  P  A  B
J  A  K  N  O  Z  Š  U  N  K  A  I  N  E
Z  Č  N  I  L  V  J  Y  S  I  N  L  C  N
S  V  E  C  I  F  S  B  C  V  E  E  C  Y
N  M  A  E  V  A  G  I  G  I  R  E  K  A
B  R  E  S  K  V  E  Z  R  T  A  E  B  I
A  L  S  J  O  G  U  R  T  J  F  Y  D  F
```

BADEM	ŠUNKA
ANANAS	SIR
JABUKA	PILE
ASPARAGUS	KIVI
PATLIDŽAN	BRESKVE
BANANE	PIRINAČ
BROKOLI	PŠENICE
HLEB	PARADAJZ
GROŽĐA	RIBE
JAJE	JOGURT

20 - Klimmen

```
A  Z  U  H  A  N  Y  S  Z  Y  J  C  E  S
T  I  S  Č  I  Z  M  E  L  L  K  U  T  T
M  N  K  A  C  I  G  U  M  H  P  V  E  A
O  R  A  D  O  Z  N  A  L  O  S  T  R  B
S  J  D  E  B  F  I  Z  I  Č  K  I  E  I
F  B  Z  R  O  T  M  B  R  F  V  F  N  L
E  K  S  P  E  R  T  A  Z  Y  S  V  R  N
R  I  N  E  T  J  U  T  P  И  J  I  U  O
A  Z  A  И  V  O  B  U  K  A  S  S  K  S
S  A  G  L  P  O  V  R  E  D  A  I  A  T
P  Z  E  C  G  D  D  G  L  T  I  N  V  Z
G  O  S  F  P  E  Ć  I  N  E  K  U  I  G
M  V  V  A  J  J  C  L  Č  C  Y  Y  C  U
A  A  R  S  C  A  U  M  N  I  Y  И  E  S
```

ATMOSFERA	SNAGE
EKSPERT	ČIZME
FIZIČKI	POVREDA
VODIČI	RADOZNALOST
PEĆINE	OBUKA
RUKAVICE	USKA
KACIGU	STABILNOST
VISINU	TEREN
MAPA	IZAZOVA

21 - Restaurant #1

```
B Y J E M A V J H R A N A C
L S A L V E T A R H L E B V
A P L O Č A S J H F E E K K
G A N M B P U A И R R R U N
A F S N S M N R A N G E H O
J Č S A S T O J C I I Z I Ž
N J I M O Z A Č I N J E N O
I D A N S P E E F U E R J P
K K T H I P I K A F A V A F
P И Z F И J H L A G L A И E
D E S E R T U G E V C C M И
K K O N O B A R I C A I E B
A N N J E F K L C L И J N A
G C D H L O E H E B V E I N
```

ALERGIJE	NOŽ
PLOČA	ZAČINJENO
HLEB	REZERVACIJE
SASTOJCI	SOS
BLAGAJNIK	KONOBARICA
KUHINJA	SALVETA
PILE	DESERT
KAFA	MESA
ČINIJU	HRANA
MENI	

22 - Geologie

```
S  T  A  L  A  K  T  I  T  P  K  Z  И  K
O  L  P  Z  E  M  L  J  O  T  R  E  S  A
R  I  L  A  V  A  K  K  F  F  A  O  K  L
O  Z  A  C  E  G  A  R  G  O  S  Y  K  C
G  C  T  J  I  E  M  I  H  N  S  T  T  I
K  Z  O  N  I  J  E  S  U  O  B  I  F  J
O  O  M  D  E  Z  N  T  L  H  Y  N  L  U
R  I  N  F  F  I  C  A  D  O  A  L  И  M
A  J  Z  T  I  R  K  L  R  R  J  B  R  O
L  H  Z  P  I  D  D  A  K  V  A  R  C  R
J  E  R  J  R  N  F  B  V  U  L  K  A  N
K  P  L  J  I  I  E  E  R  O  Z  I  J  E
K  A  V  E  R  N  A  N  M  H  T  J  L  A
K  I  S  E  L  I  N  E  T  C  B  P  D  F
```

ZEMLJOTRES	SLOJ
KALCIJUM	LAVA
KONTINENT	PLATO
EROZIJE	STALAKTIT
FOSIL	KAMEN
GEJZIR	VULKAN
KAVERNA	ZONI
KORAL	SO
KRISTALA	KISELINE
KVARC	

23 - Specerijen

```
K K A U B I B E R I Z Y B V
И A O H V E D A A P L S A N
N R J R E S L A T K O U G K
H I A N I S A I T A B K F O
T R H H S J P C L P C U K M
U S O N A И A A U U J S P O
R J E C P T K N P V K K D R
M P Š A F R A N D R V N T A
E G Đ C I M E T P E I Y A Č
R Z U S И U K A G O R K A Y
I Y M B O И P O L U K U A V
C R B H R A K A R D A M O M
V K I V И Z B J V A N I L E
K A R A N F I L I Ć I N И T
```

ANISA
GORKA
ĐUMBIR
CIMET
KARDAMOM
KARI
BELI LUK
KUMIN
KORIJANDER
KARANFILIĆ

TURMERIC
PAPRIKA
BIBER
ŠAFRAN
UKUS
LUK
VANILE
KOMORAČ
SLATKO
SO

24 - Groenten

```
S  S  P  D  B  C  P  H  S  P  I  H  D  Y
P  A  A  P  T  F  E  Š  T  A  T  P  D  L
A  L  T  P  F  K  A  L  A  I  N  N  R  O
N  A  L  И  Y  A  R  E  E  L  V  H  E  Y
A  T  I  B  B  V  T  K  Z  R  O  A  P  B
Ć  A  D  G  L  J  I  V  A  R  P  T  A  R
R  N  Ž  R  J  P  Č  D  D  V  G  G  Đ  O
O  B  A  A  R  M  O  B  E  L  I  L  U  K
T  E  N  Š  И  M  K  B  U  L  U  K  M  O
K  R  F  K  B  K  E  R  N  N  C  N  B  L
V  U  Z  A  P  E  R  Š  U  N  D  N  I  I
I  K  R  A  S  T  A  V  A  C  V  E  R  Z
C  H  A  J  P  A  R  A  D  A  J  Z  V  G
A  M  A  S  L  I  N  A  T  A  Z  D  C  E
```

ARTIČOKE	BUNDEVE
PATLIDŽAN	REPA
BROKOLI	ROTKVICA
GRAŠKA	SALATA
ĐUMBIR	CELER
BELI LUK	ŠALOT
KRASTAVAC	SPANAĆ
MASLINA	PARADAJZ
GLJIVA	LUK
PERŠUN	

25 - Dans

```
T R A D I C I O N A L N I T
A K A D E M I J E B A P Y E
K U L T U R N I A F M F C L
U M M L K L A S I Č N E J O
K O R E O G R A F I J A B Y
V E M O C I J A J I L G C V
U F U P O A Z Y Z T P S K I
A N Z A R F G R E J S G U Z
A F I R I O H Y A U Y I L U
U Y K T T Z B S P Ž I S T E
E L A N A R R E S T A V U L
C V H E M P O K R E T J R N
M G G R A D O S N O A N A I
U M E T N O S T C G J J S N
```

AKADEMIJE
POKRET
RADOSNO
KOREOGRAFIJA
KULTURNI
KULTURA
EMOCIJA
IZRAŽAJAN
GREJS
STAV

KLASIČNE
UMETNOST
TELO
MUZIKA
PARTNER
PROBE
RITAM
TRADICIONALNI
VIZUELNI

26 - Sport

```
D  S  Z  J  J  B  P  P  A  S  S  P  K  V
H  P  A  V  H  E  R  D  P  U  T  A  U  C
P  O  O  O  L  J  V  N  F  D  A  O  L  B
J  R  K  F  G  Z  E  J  И  I  D  A  K  I
L  T  L  E  N  B  N  K  P  J  I  K  H  C
P  I  O  R  J  O  S  V  O  A  O  E  S  I
И  S  T  I  M  L  T  B  P  Š  N  И  G  K
M  T  E  N  I  S  V  A  K  J  A  T  C  L
A  A  N  O  G  P  O  O  A  I  G  R  A  Č
D  F  B  K  R  P  O  K  R  E  T  E  K  K
G  I  M  N  A  S  T  I  K  E  I  N  R  U
O  G  G  P  O  B  E  D  N  I  K  E  S  M
L  И  H  U  F  T  I  Y  И  D  K  R  Y  A
F  T  И  Y  G  C  Z  A  T  I  L  A  B  F
```

SPORTISTA	PRVENSTVO
KOŠARKU	SUDIJA
POKRET	IGRA
BICIKL	IGRAČ
GOLF	STADION
SALI	TIM
GIMNASTIKE	TENIS
HOKEJ	TRENER
BEJZBOL	POBEDNIK

27 - Mythologie

```
A  S  H  L  H  E  R  O  J  Z  L  L  F  S
G  A  T  L  E  G  E  N  D  A  A  Y  P  M
S  T  V  A  R  A  N  J  E  K  V  K  K  R
V  C  D  P  O  R  H  E  A  U  I  P  L  T
T  G  G  Y  I  H  O  B  C  L  R  I  U  N
T  G  I  T  N  E  T  D  L  T  I  И  N  I
C  V  B  P  A  T  I  T  M  U  N  J  E  O
Č  U  D  O  V  I  Š  T  E  R  T  A  B  S
S  N  A  G  E  P  C  P  R  A  C  Y  E  V
S  T  V  O  R  E  N  J  E  A  G  H  S  E
P  O  N  A  Š  A  N  J  E  I  T  T  A  T
K  A  T  A  S  T  R  O  F  E  D  N  F  A
B  E  S  M  R  T  N  O  S  T  F  P  I  И
D  G  R  M  L  J  A  V  I  N  A  R  A  K
```

ARHETIP	SNAGE
MUNJE	RATNIK
STVARANJE	LEGENDA
KULTURA	ČUDOVIŠTE
GRMLJAVINA	BESMRTNOST
LAVIRINT	KATASTROFE
PONAŠANJE	SMRTNI
HEROJ	STVORENJE
HEROINA	OSVETA
NEBESA	

28 - Eten #1

Š	H	P	B	A	F	C	J	J	Z	H	L	T	E
A	S	M	L	E	K	A	I	S	C	D	I	C	C
R	P	E	A	V	S	M	S	M	G	I	M	J	Y
G	O	S	L	K	A	L	U	K	E	K	U	H	H
A	Z	A	B	E	L	I	L	U	K	T	N	M	N
R	T	U	N	A	A	S	J	T	J	E	Č	A	M
E	I	B	V	P	T	T	U	A	E	M	T	D	F
P	H	Z	A	N	A	P	A	P	G	A	E	И	L
A	K	A	J	S	I	J	E	S	A	O	M	E	S
B	Š	E	Ć	E	R	A	H	O	I	И	D	R	P
F	O	G	F	P	L	S	L	G	V	F	K	A	A
K	R	U	Š	K	E	O	K	И	P	L	E	G	N
K	U	L	И	K	I	K	I	R	I	K	I	I	A
B	O	S	I	L	J	A	K	H	H	T	E	D	Ć

JAGODA
KAJSIJE
BOSILJAK
LIMUN
JEČAM
CIMET
BELI LUK
MLEKA
KRUŠKE
KIKIRIKI

SALATA
SOK
SUPA
SPANAĆ
ŠEĆERA
TUNA
LUK
MESA
ŠARGAREPA
SO

29 - Avontuur

```
N E O B I Č N O P A S A N Š
P O Y S C H P I B N T C P A
B N V H И Y R R K E A Z U N
R A L A R I L A I A K Z T S
Y V E N K C U N B P P C U A
S I G U R N O S T R R P J J
R G P R I R O D A И O E E C
A A T Z I Z A Z O V A S M H
D C H I P S Z B L E P O T A
O I O D R E D I Š T E V M Z
S J E K S K U R Z I J E A A
T U И C A K T I V N O S T И
I Z N E N A Đ U J U Ć E C И
E N T U Z I J A Z A M N O N
```

AKTIVNOST
ODREDIŠTE
ENTUZIJAZAM
EKSKURZIJE
OPASAN
ŠANSA
HRABROST
PRIRODA
NAVIGACIJU

NOVA
NEOBIČNO
PUTUJE
LEPOTA
IZAZOVA
SIGURNOST
IZNENAĐUJUĆE
PRIPREMA
RADOST

30 - Circus

```
M Ž M A J M U N R C J U Y K
K U I U P B A L O N I Z V Y
L G Z V B Z O K G A H S T Y
O R Z I O F A M B A Z U M V
V F Z E K T E K B T I G A R
N Š R S V A I R Z O G F Đ A
M A G I J A K N U G N U I S
U T T R I K A P J L A A O H
Ž O N G L E R E Z E J K N V
B R S L O N T A L D O R I G
K O S T I M U D A A M O Č K
P A R A D A N N V L P B A J
Z A B A V L J A M A P A R V
V R L P H P C E V C R T H K
```

MAJMUN	MAGIJA
AKROBAT	MUZIKA
BALONI	SLON
KLOVN	PARADA
ŽIVOTINJE	BOMBONA
MAĐIONIČAR	ŠATOR
ŽONGLER	TIGAR
KARTU	GLEDALAC
KOSTIM	TRIK
LAV	ZABAVLJAM

31 - Restaurant #2

```
P  O  V  R  Ć  E  D  P  И  S  O  N  Y  B
K  Z  K  И  U  J  D  И  H  A  U  A  Z  L
T  M  A  K  Z  Č  R  I  A  L  K  P  S  N
P  Y  V  Č  V  И  A  R  P  A  U  I  A  V
S  T  O  L  I  C  A  K  P  T  S  T  A  O
K  O  D  K  L  N  I  J  T  A  N  A  R  Ć
U  R  A  E  J  D  И  R  D  O  K  A  E
Y  T  F  L  U  T  J  S  L  Y  K  M  И  B
D  A  G  N  Š  P  A  R  E  Z  A  N  C  I
E  P  F  E  K  Z  A  I  D  F  Š  L  I  Z
E  B  U  R  A  E  E  B  T  J  I  J  D  V
K  C  T  I  Z  T  A  E  G  P  K  A  V  K
C  S  J  N  J  V  E  Č  E  R  A  J  G  T
A  V  Y  U  T  Y  J  M  R  D  И  A  E  N
```

TORTA
VEČERA
NAPITAK
JAJA
VOĆE
POVRĆE
UKUSNO
LED
KAŠIKA
RUČAK

REZANCI
KELNER
SALATA
SUPA
ZAČINI
STOLICA
RIBE
VILJUŠKA
VODA
SO

32 - Bijen

```
S  K  O  R  I  S  T  A  N  P  R  I  B  P
C  T  I  O  G  E  S  H  E  O  A  A  A  K
I  V  A  J  O  Y  U  D  D  L  Z  K  Š  K
P  N  E  N  J  K  N  A  E  E  N  P  T  K
L  R  S  T  I  A  C  O  L  N  O  H  A  R
I  U  C  E  E  Š  E  A  S  R  L  R  R  A
И  G  P  G  K  M  T  J  T  A  I  A  Z  L
K  R  I  L  A  T  C  E  T  И  K  N  I  J
O  P  R  A  Š  I  V  A  Č  C  O  A  R  I
Š  K  S  C  V  O  Ć  E  C  A  S  U  S  C
N  B  E  V  V  O  S  A  K  I  T  P  И  A
I  M  D  E  K  O  S  I  S  T  E  M  F  N
C  E  B  Ć  N  B  V  N  D  I  M  N  J  E
E  D  F  E  F  B  P  P  K  U  Y  P  E  P
```

OPRAŠIVAČ	KRALJICA
KOŠNICE	DIM
CVEĆE	POLEN
CVET	BAŠTA
RAZNOLIKOST	KRILA
EKOSISTEM	HRANA
VOĆE	KORISTAN
STANIŠTE	VOSAK
MED	SUNCE
INSEKT	ROJ

33 - School #1

```
D И P J H R O L O V K E A R
D K J P B I B L I O T E K E
G V P O D G O V O R E F U M
K I S R N L L P N V A Z Č A
F Z B T U I V B D L K И I T
A K R T O Č L E B P N A O E
S T O L U L A V K B J L N M
C F J K Č F I K H M I F I A
I U E K I V S C Z E G A C T
K K V M T P P V A L E B A I
L O E L E A I P B L T E I K
E U C C L P T I A Y I T J E
L И Z A J I A L V L A B H Z
B J U C P R I J A T E L J I
```

ALFABET
ODGOVORE
BIBLIOTEKE
KNJIGE
STOLU
BROJEVE
ISPITA
UČIONICA
UČITELJ
RUČAK

FASCIKLE
PAPIR
OLOVKE
ZABAVA
OLOVKA
KVIZ
STOLICA
PRIJATELJI
MATEMATIKE

34 - Wandelen

```
Z  P  B  K  Ž  I  V  O  T  I  N  J  E  P
G  R  R  L  L  K  A  M  E  N  J  E  P  O
U  I  U  I  Č  I  Z  M  E  N  B  O  D  L
И  P  P  F  R  K  M  A  C  H  J  I  O  O
T  R  Y  O  L  O  P  A  R  K  O  V  A  Ž
S  E  Y  S  L  M  D  D  I  V  L  J  A  A
S  M  H  И  O  A  M  A  I  R  I  P  R  J
U  A  U  M  O  R  A  N  O  K  O  L  P  T
N  T  M  G  K  C  S  R  N  И  O  A  B  N
C  V  M  I  N  I  N  A  Z  P  N  M  F
E  O  G  I  T  E  Š  K  A  Y  M  I  M  P
Y  D  L  P  K  A  M  P  O  V  A  N  J  E
H  A  Z  Z  C  I  N  V  A  S  P  E  V  O
O  P  A  S  N  O  S  T  I  H  A  D  J  S
```

PLANINE	PRIRODA
ŽIVOTINJE	POLOŽAJ
OPASNOSTI	PARKOVA
MAPA	KAMENJE
KAMPOVANJE	SAMIT
KLIF	PRIPREMA
KLIMA	VODA
ČIZME	DIVLJA
UMORAN	SUNCE
KOMARCI	TEŠKA

35 - Ecologie

```
M  H  И  P  Y  Z  A  J  E  D  N  I  C  E
P  O  Z  M  N  Z  И  B  L  V  Z  C  U  O
M  R  R  A  Z  N  O  L  I  K  O  S  T  P
G  P  I  S  K  L  I  M  A  L  S  P  S  S
P  I  O  R  K  I  B  B  L  N  J  C  U  T
И  Z  M  I  O  I  Y  T  A  B  J  K  Š  A
O  M  T  И  A  D  H  K  O  И  S  Z  E  N
D  F  A  U  N  E  A  O  A  L  U  И  D  A
R  L  V  E  G  E  T  A  C  I  J  E  C  K
Ž  O  M  O  Č  V  A  R  A  K  T  L  F  C
I  R  S  P  I  R  S  T  A  N  I  Š  T  E
V  E  J  G  M  S  P  L  A  N  I  N  E  O
A  B  D  F  U  T  P  R  I  R  O  D  N  O
O  A  V  T  P  E  G  L  O  B  A  L  N  O
```

PLANINE	KLIMA
RAZNOLIKOST	MORSKIH
SUŠE	MOČVARA
ODRŽIV	PRIRODA
FAUNE	PRIRODNO
FLORE	OPSTANAK
ZAJEDNICE	BILJKE
GLOBALNO	VRSTE
STANIŠTE	VEGETACIJE

36 - Installaties

```
V E G E T A C I J E M F R K
P A N M R I P C O V A L G A
B K A K A F H B N V H O R K
E Z D B V C V E T H O R M T
R J Z P A O P P R E V E L U
R F B R Š L J A N R I V M S
I P B A M B U S P B N T G R
Y B U K Š E H U D Đ A J E A
K O R E N T P L C U B G E R
C Y K T И Š A J G B A P G P
L I Š Ć E A U T И R T K A T
P I U B E E O M C I U T P O
B U S A I F H I A V K K Z G
O B O T A N I K E A D R V O
```

BAMBUS
BERRI
LIST
CVET
DRVO
PASULJ
ŠUMA
KAKTUS
FLORE
LIŠĆE

TRAVA
BRŠLJAN
HERB
ĐUBRIVA
MAHOVINA
BOTANIKE
GRM
BAŠTA
VEGETACIJE
KOREN

37 - School #2

```
R O N L B A A K N J I G E N
A B T U S B K U V N H N S A
N R E K E I R A T N C P N U
A A K F R B A P D O J P M K
C Z A F C L P N R E B H И E
P O L U Č I T E L J M U M U
O V E Z M O P T T R A S S A
D A N B И T A E O L O V K A
A N D I И E P O L O V K E E
F J A R Z K I A J E И G N
I E R P Z E R V I K E N D E
M A K A Z E R A Č U N A R O
M A T E M A T I K E A M P E
K N J I Ž E V N O S T K U U
```

AKADEMSKE	PAPIR
BIBLIOTEKE	OLOVKE
KNJIGE	OLOVKA
AUTOBUS	RANAC
RAČUNAR	MAKAZE
KALENDAR	CIPELE
UČITELJ	VIKENDE
KNJIŽEVNOST	NAUKE
OBRAZOVANJE	MATEMATIKE

38 - Oceaan

```
A P H P N E C Z S K И L И J
M E O R T K S H O Y U S L M
U A B S O Z J C G S S F G A
M J O G P S S K R A B A P
P K T H N Č M C K I T G J B
S U N Đ E R A U D B H I O K
P L I M E J Z M U E O J S O
G A C A Z I E L A A L G T R
R K E T U N A G Y C U F R A
E M E D U Z A B U A J I I L
B L H Š K A M P I L A E G N
E K O R N J A Č A G J F A E
N Y L B J P V R Z E A A E И
A N Y R I O Y G S I N U M D
```

JEGULJA

ALGE

ČAMAC

DELFIN

ŠKAMPI

PLIME

AJKULA

KORAL

KRABA

MEDUZA

HOBOTNICE

OSTRIGA

GREBEN

KORNJAČA

SUNĐER

OLUJA

TUNA

RIBE

KIT

SO

39 - Landen #2

```
L F F D M A N D P G C G D I
I R K T P K E N I J A R A U
B A F V F P P F S C E Č N G
E N Y N U O A B Y I J K S A
R C R P Z S L F G T R E K N
I U U K R A J I N A И I A D
J S S E E V T S B P G H J I
E K I B T M A O D A H M J E
C E J I I O E M И J N T A И
A G A K O J U A T O A T P R
P E A R P M A L E Z I J A S
M E K S I K O I L A O S N A
D A T A J И L J I R S K A N
A J S I E S D E T E P Z N И
```

DANSKA
ETIOPIJE
FRANCUSKE
GRČKE
IRSKA
JAPAN
KENIJA
LAOS
LIBAN

LIBERIJE
MALEZIJA
MEKSIKO
NEPAL
UGANDI
UKRAJINA
RUSIJA
SOMALIJE
SIRIJE

40 - Bloemen

```
M D Y F A Y I F N J C O J L
A P E A Y Z D Z C A A R O I
K A G J P L M C A S R H R L
A S U K Z L A L A M U I G I
H S Z P D I S V N I Ž D O M
P I J S O B L A A N A E V A
L O B P E L A P P N R J A G
U N O I A M Č И E S D A N N
M F Ž A S L A T I C A E A O
E L U I F K К И B C R I T L
R O R Y D И U P U Y J J P I
I V U U R P V S K A P T I J
J E I H G A R D E N I J A E
A R Z D B P D E T E L I N A
```

LATICA
BUKET
GARDENIJA
HIBISKUS
JASMIN
DETELINA
LAVANDE
LILI
JORGOVAN
DEJZI

MAGNOLIJE
ORHIDEJA
MASLAČAK
MAKA
PASSIONFLOVER
BOŽUR
PLUMERIJA
RUŽA
LALA

41 - Huisdieren

```
V  Z  U  И  O  P  K  R  A  V  A  H  M  S
B  E  U  F  K  K  A  N  D  Ž  E  R  A  T
И  C  T  K  O  Z  A  P  A  Z  Y  Č  Č  F
Z  A  H  E  V  D  J  Š  A  S  L  A  E  Z
J  P  И  Z  R  H  Y  A  D  G  G  K  L  M
Y  F  A  P  A  I  G  P  J  K  A  N  L  J
T  L  R  S  T  E  N  E  J  M  I  J  T  I
Y  G  E  L  N  J  M  A  Č  K  A  U  F  E
L  A  P  H  I  M  I  R  R  V  O  D  A  U
A  I  L  L  K  K  Š  G  U  Š  T  E  R  Š
F  A  T  I  P  B  T  A  N  A  K  A  L  T
R  I  B  E  J  F  C  F  A  A  P  N  A  E
Z  K  K  O  R  N  J  A  Č  A  J  N  Y  N
H  R  A  N  A  T  U  T  E  Y  И  S  P  E
```

VETERINAR	OKOVRATNIK
KOZA	MIŠ
GUŠTER	PAPAGAJ
HRČAK	ŠAPE
PAS	ŠTENE
MAČKA	KORNJAČA
MAČE	REP
KANDŽE	RIBE
KRAVA	HRANA
ZEC	VODA

42 - Landschappen

```
L E D E N O G B R E G A O D
P U S T I N J I E P M P S O
N A J B B Z A D P И O F T I
A R U R E R R V J G R T R D
И V O L E N D V G L E P V O
P L A Ž A K N O K E A N O L
I O Z T U A E D J Č J N A I
A F E Y I V V O E E P Z K N
T U N D R E U P Z R E H I I
Y K K A S I L A E R Ć V E R
F P Z A S K K D R T I G C E
M O Č V A R A P O P N F L N
И Z V P U H N S S T E B V H
I L P H U P L A N I N E A H
```

PLANINE
OSTRVO
GEJZIR
GLEČER
PEĆINE
BRDO
LEDENOG BREGA
JEZERO
MOČVARA
OAZE

OKEAN
REKE
PLAŽA
TUNDRE
DOLINI
VULKAN
VODOPAD
PUSTINJI
MORE

43 - Tuin

```
O C G R A B L J E Z G D I J
C G V G A R A Ž A K G R M C
И T R E M C R E V O T V E A
L O P A T A A U H N R O H L
K R P A D P A Y C B A Š T A
O L O F T E R A S A M T O O
R P U N B J C C P G P R V P
O N Z P M E K L T P O A M O
V V Y A A Z V A J N L V D H
H K Y N Z E B H Y G I N Z H
И D И O V R P V A И N J P A
K A H Y L U R A B P O A S J
V O Ć N J A K F F Y I K I B
I S И T R A V A V I S E Ć A
```

KLUPA	KOROV
CVET	LOPATA
DRVO	CREVO
VOĆNJAK	GRM
GARAŽA	TERASA
TRAVNJAK	TRAMPOLIN
TRAVA	BAŠTA
VISEĆA	TREM
GRABLJE	JEZERU
OGRADE	VAJN

44 - Katten

```
L E V J G K P V A B F V L N
S O R H K A R K D Z M A L O
M P V R U N E Z A V I S N A
E H E A R D D S E S Š G S D
Š T S Z C Ž I M O R N P K I
N R P I F A V J J U V R N V
O B И G I Š A P E F O L И L
M M O R A D O Z N A O I E J
D P Y A E A P L F R R Č H A
M F S N И P A L M F Z N M I
S T I D L J I V S A N O S A
K H J R Z И J A L U D S Y N
B R Z O C S I B P J И T G N
D G Y И B K R Z N O O I C D
```

KRZNO
PREDIVA
LUD
SMEŠNO
LOVAC
KANDŽA
MALO
MIŠ
RADOZNAO

NEZAVISNA
LIČNOSTI
ŠAPE
SAN
BRZO
RAZIGRAN
REP
STIDLJIV
DIVLJA

45 - Beroepen #2

```
U  S  R  T  H  N  И  S  S  K  M  F  A  I
M  T  L  C  F  I  L  O  Z  O  F  O  S  N
R  T  P  I  Y  U  R  N  F  Y  T  T  T  Ž
Z  D  U  P  K  T  Č  U  E  S  K  O  R  E
U  P  D  E  И  A  L  I  R  G  Z  G  O  N
B  I  O  L  O  G  R  B  T  G  F  R  N  J
A  L  E  K  A  R  S  A  H  E  U  A  A  E
R  O  Z  P  И  A  P  Š  T  S  L  F  U  R
Y  T  D  E  T  E  K  T  I  V  J  J  T  F
V  F  A  R  M  E  R  O  D  V  I  M  A  H
E  N  A  L  I  N  G  V  I  S  T  A  L  A
F  B  N  I  S  T  R  A  Ž  I  V  A  Č  G
B  R  C  R  O  U  C  N  O  V  I  N  A  R
I  L  U  S  T  R  A  T  O  R  Z  V  U  P
```

LEKAR	INŽENJER
ASTRONAUTA	NOVINAR
BIOLOG	UČITELJ
FARMER	LINGVISTA
HIRURG	ISTRAŽIVAČ
DETEKTIV	PILOT
FILOZOF	SLIKAR
FOTOGRAF	ZUBAR
ILUSTRATOR	BAŠTOVAN

46 - Komedie

```
P O Z O R I Š T E Š A E C O
T P I Z A B A V A N A K I N
G G P U T N I P Z A S L G C
L B C H P L Y N P N P O E U
U I M J P S Z D N U Z V O H
M O E Y L A P L A U Z N K H
I N P O G H N P N A E A U U
C S C N G F A U U Ž A N R M
A M M D B C R C G B G A P O
T E L E V I Z I J A L J Y R
S H M P Š L P D P V U I Z R
U K S T Z N P H C N M G K T
C N I P A R O D I J A B H E
I I Z R A Ž A J A N C T O N
```

GLUMAC
GLUMICA
APLAUZ
KLOVNA
IZRAŽAJAN
SMEH
ŽANR
ŠALE

SMEŠNO
HUMOR
PARODIJA
ZABAVA
PUBLIKE
TELEVIZIJA
POZORIŠTE

47 - Dagen en Maanden

```
S  S  Z  O  M  M  A  R  Š  U  P  K  K  F
R  E  T  M  U  E  V  O  K  T  O  B  A  R
E  M  P  A  J  V  S  F  И  T  N  D  L  O
D  L  L  T  P  A  A  E  A  A  E  P  E  H
A  G  O  P  E  U  И  B  C  U  D  E  N  Č
Z  K  F  M  P  M  O  R  S  A  E  T  D  E
A  V  G  U  S  T  B  U  S  P  L  A  A  T
J  G  И  K  Y  N  N  A  T  R  J  K  R  V
N  O  V  E  M  B  A  R  R  I  A  U  G  R
N  D  J  A  N  U  A  R  J  L  K  T  M  T
D  I  S  U  B  O  T  A  U  U  P  O  A  A
И  N  E  D  E  L  J  A  L  R  N  R  M  K
Z  A  O  D  O  I  И  A  A  M  B  A  R  M
J  Z  U  E  P  O  V  K  Y  T  C  K  C  F
```

APRIL	MESECA
AVGUST	PONEDELJAK
UTORAK	MARŠ
ČETVRTAK	NOVEMBAR
FEBRUAR	OKTOBAR
GODINA	SEPTEMBAR
JANUAR	PETAK
JUL	NEDELJA
JUN	SREDA
KALENDAR	SUBOTA

48 - Beeldende Kunsten

```
S B Z U G A L J Š S A C B K
O A S O L O V K A L R B E V
U H T A I A Y R B I H B T O
H F A T N Z K E L K I Y S S
Y K L J E M V D O A T A R A
U S A G E U O E N R E U E K
I A K Z V P I A D S K M M E
P O R T R E T O J T T E E R
S K U L P T U R E V U T K A
N F T V U D A H A O R N D M
F O T O G R A F I J A I E I
P E R S P E K T I V E K L K
O F I L M S A S T A V T O E
K R E A T I V N O S T A U R
```

ARHITEKTURA
UMETNIK
SKULPTURE
KREATIVNOST
STALAK
FILM
FOTOGRAFIJA
UGALJ
KERAMIKE
GLINE

KREDE
REMEK-DELO
PERSPEKTIVE
PORTRET
OLOVKA
SASTAV
SLIKARSTVO
ŠABLON
LAK
VOSAK

49 - Menselijk Lichaam

```
N M S A O I N O G U V S C R
B O P R S T B L L R I K R V
V Z S C C P R И A V L O A V
R A M E L E A P V И I Č E O
A K O Ž A И D O A V C N D K
T O Z L K G A M Z G E I U K
H И T T A J A T F P P Z V O
U S T A T Z E D U B D G O L
E H P M B T E Z P U D L D E
S N И O Y P O P I I T O A N
K Y V S S T O M A K I B T O
Y M L R K P C U N M U E N E
V E E U Y И T E L E F E L R
C E V M A R U K A M R P T V
```

NOGU
KRV
LAKAT
SKOČNI ZGLOB
RUKA
SRCE
MOZAK
GLAVA
KOŽA
VILICE

BRADA
KOLENO
STOMAK
USTA
VRAT
NOS
UVO
RAME
JEZIK
PRST

50 - Familie

```
P  M  B  R  A  T  K  K  O  D  E  D  A  E
P  U  L  D  P  V  A  U  Z  E  U  J  A  K
R  Ž  S  Y  O  E  Y  M  I  C  Z  D  H  S
E  Y  И  B  R  U  N  U  K  A  Z  A  S  E
D  N  E  Ć  A  K  N  P  P  D  E  T  E  S
A  C  A  G  C  A  F  U  B  E  V  D  N  T
K  O  Č  I  N  S  K  E  K  T  D  I  E  R
S  G  B  И  L  Y  T  C  H  I  E  J  Ć  A
N  U  И  J  T  I  V  V  D  N  A  T  A  K
G  D  P  O  T  A  C  O  A  J  B  Y  K  Z
G  T  O  R  U  S  V  R  И  S  A  Z  I  A
V  S  A  A  U  L  J  N  R  T  K  Z  N  F
Y  B  Z  D  H  G  B  Y  V  V  A  B  J  A
Ć  E  R  K  A  M  A  J  K  A  R  J  A  B
```

BRAT	NEĆAK
ĆERKA	NEĆAKINJA
BAKA	UJAK
DETINJSTVA	DEDA
DETE	TETKA
DECA	OTAC
UNUKA	OČINSKE
UNUK	PREDAK
MUŽ	SUPRUGA
MAJKA	SESTRA

51 - Gebouwen

```
U  Z  A  M  A  K  E  F  E  L  B  I  T  L
N  S  И  M  B  B  Y  A  A  H  O  T  E  L
I  T  N  U  B  Š  O  R  J  B  C  Z  C  F
V  A  O  Z  P  A  Y  M  F  Z  R  D  O  A
E  N  P  E  D  T  R  I  Z  A  И  I  C  L
R  K  F  J  A  O  D  J  M  Š  L  S  K  P
Z  S  U  P  E  R  M  A  R  K  E  T  A  E
I  I  J  L  O  B  E  T  U  O  A  A  B  B
T  Y  И  A  A  I  Y  C  G  L  D  D  I  O
E  A  M  B  A  S  A  D  E  A  Y  I  N  L
T  P  O  Z  O  R  I  Š  T  E  И  O  E  N
B  I  O  S  K  O  P  M  I  V  И  N  M  I
O  P  S  E  R  V  A  T  O  R  I  J  E  C
L  A  B  O  R  A  T  O  R  I  J  A  G  A
```

AMBASADE	OPSERVATORIJE
STAN	ŠKOLA
BIOSKOP	AMBAR
FARMI	STADION
KABINE	SUPERMARKETA
FABRIKE	ŠATOR
HOTEL	POZORIŠTE
ZAMAK	KULA
LABORATORIJA	UNIVERZITET
MUZEJ	BOLNICA

52 - Kunst

```
R O S I N S P I R I S A N L
A R T S A K O M P L E K S S
S I V K D V I Z U E L N I G
P G O R R L I Č N I K L L H
O I R E E S A S T A V O D T
L N I N A K E R A M I Č K E
O A T S L I K E S A V M S M
Ž L I S I I I P D I S И G A
E N H B Z O Z F O J M I G C
N E A P A A B R K E F B D B
J U G P M R D A A Z Z N O P
E P O R T R E T O Z U I L L
S K U L P T U R E E U I J E
M M J E D N O S T A V A N E
```

SKULPTURE
KOMPLEKS
STVORITI
JEDNOSTAVAN
ISKREN
INSPIRISAN
RASPOLOŽENJE
KERAMIČKE
TEMA
ORIGINALNE

LIČNI
POEZIJE
PORTRET
SASTAV
SLIKE
NADREALIZAM
SIMBOL
IZRAZ
VIZUELNI

53 - Beroepen #1

```
A V И E V R N Z И K S Z N M
U A A A L E K A R L E L A U
P T M H C A T G P D S A U Z
U R E D N I K E Y S T T Č I
B O L O V A C O R E R A N Č
A G H K H H J L M I A R I A
N A S T R O N O M D N I K R
K S K A R T O G R A F A И Y
A A S P O R T I S T A U R L
R C S D E A P S I H O L O G
A D V O K A T Y K I O I P D
A M B A S A D O R U N A V A
A B A M E P I J A N I S T A
F A R M A C E U T L K P D J
```

ADVOKAT   UREDNIK
AMBASADOR   GEOLOG
FARMACEUT   LOVAC
ASTRONOM   ZLATAR
SPORTISTA   MUZIČAR
BANKAR   PIJANISTA
VATROGASAC   PSIHOLOG
KARTOGRAF   SESTRA
VETERINAR   NAUČNIK
LEKAR

54 - Kastelen

```
J F U R Z P U T P Z Š T I T
L E R C M R A A R P I I P A
L U D P A I D M I U O D L K
F D M N J N V N N K A O E R
S A Y C O C R I C R E D M A
Y L M A Č R Z C E U M I E L
K N E L S P O E Z N P N N J
O O D Z E G B G A U Y A I E
N K V C A R S T V A H S T V
J L F I P A L A T A F T I S
Z O K A T A P U L T F I Z T
U P U T S E E Z P S E J T V
K C L U N T Z B O D R E B O
U B A J A V H I F O N R Z P
```

ZMAJ
DINASTIJE
PLEMENITI
JEDNOROG
FEUDALNO
OKLOP
KATAPULT
TAMNICE
KRALJEVSTVO
KRUNU

ZID
KONJ
PALATA
PRINC
PRINCEZA
VITEZ
CARSTVA
ŠTIT
KULA
MAČ

55 - Insecten

```
J  M  C  I  K  B  H  E  N  A  H  T  A  A
V  E  V  P  И  U  K  P  T  A  H  I  A  A
N  T  R  Y  E  B  O  M  E  A  Y  Y  V  S
B  E  Č  O  Z  A  M  O  R  K  M  D  I  U
Y  L  C  A  N  Š  A  L  M  A  A  V  L  P
K  E  I  K  Y  V  R  J  I  И  V  O  I  D
M  C  R  V  O  A  A  A  T  M  R  P  N  T
P  A  K  V  P  B  C  C  E  S  T  L  K  Z
Č  L  N  S  K  A  K  A  V  A  C  B  O  F
E  O  A  T  D  S  T  R  Š  L  J  E  N  A
L  S  P  R  I  G  B  B  U  V  A  N  J  D
A  A  I  S  V  S  U  Š  I  R  E  N  I  H
I  H  A  K  I  A  B  И  A  Y  A  A  C  K
L  E  P  T  I  R  A  P  N  Y  A  U  N  G
```

MANTIS	MRAV
PČELA	MOLJAC
UŠIRENIH	KOMARAC
CVRČCI	SKAKAVAC
STRŠLJENA	TERMIT
BUBAŠVABA	LEPTIR
BUBA	BUVA
LARVA	OSA
VILIN KONJIC	CRV

56 - Antarctica

```
M  I  N  E  R  A  L  A  U  R  F  M  P  P
S  F  A  A  E  A  K  M  U  И  O  V  F  I
E  K  S  P  E  D  I  C  I  J  E  K  R  N
I  S  T  R  A  Ž  I  V  A  Č  И  J  I  G
M  I  G  R  A  C  I  J  E  G  M  O  K  V
O  K  R  U  Ž  E  N  J  U  A  A  V  R  I
E  L  T  O  P  O  G  R  A  F  I  J  E  N
V  P  O  L  U  O  S  T  R  V  O  H  T  I
D  O  E  E  K  O  N  T  I  N  E  N  T  A
U  G  D  D  D  P  J  R  R  P  I  A  H  И
M  N  P  A  F  P  Y  K  N  V  T  U  Z  D
G  E  O  G  R  A  F  I  J  E  A  Č  R  D
O  Č  U  V  A  N  J  E  B  E  J  N  P  M
O  B  L  A  C  I  I  G  L  E  Č  E  R  A
```

BEJ
OČUVANJE
KONTINENT
OSTRVA
EKSPEDICIJE
GEOGRAFIJE
GLEČERA
LED
MIGRACIJE
MINERALA

OKRUŽENJU
ISTRAŽIVAČ
PINGVINI
ROKI
POLUOSTRVO
TOPOGRAFIJE
VODA
NAUČNE
OBLACI

57 - Ballet

```
A  K  O  M  P  O  Z  I  T  O  R  B  D  K
V  P  U  B  L  I  K  E  E  A  A  A  O  O
E  P  L  S  O  Y  D  I  H  F  V  L  A  R
Ž  A  R  A  B  B  T  T  N  L  Z  E  V  E
B  F  B  O  U  G  L  O  I  B  P  R  M  O
A  S  U  I  B  Z  E  M  K  F  S  I  U  G
L  O  H  Y  L  E  I  S  A  K  B  N  Z  R
O  R  K  E  S  T  A  R  T  B  I  A  I  A
P  U  M  E  T  N  I  Č  K  E  H  V  K  F
K  G  I  Z  R  A  Ž  A  J  A  N  Z  A  I
P  J  Š  И  I  V  E  Š  T  I  N  A  K  J
J  Z  I  S  T  I  L  B  K  E  F  G  M  A
A  Ć  Z  A  G  R  A  C  I  O  Z  A  N
C  A  A  Y  M  E  P  L  E  S  A  Č  A  F
```

APLAUZ
UMETNIČKE
BALERINA
KOREOGRAFIJA
KOMPOZITOR
PLESAČA
IZRAŽAJAN
GEST
MUZIKA
ORKESTAR

VEŽBA
PUBLIKE
PROBE
RITAM
GRACIOZAN
MIŠIĆA
STIL
TEHNIKA
VEŠTINA

58 - Vissen

```
P E R A J A M A M A C U C P
K R S K O R P I L O S M U L
U C E S R E K E L И K U K A
V И Z T T O P R E M A E U Ž
A Z O A E R Z Š K R G E A A
R L N G J R P Z C H B T G N
S L A T I V I L I C E R A S
И L R E P C L V J E Z E R O
E D N Ž I C E O A E C D J I
S D C I I И G D B N N T H T
A D Y N G V O A U N J J N H
O A Č A M A C M N L O A A A
T A V U I J E C P R E O И J
V K E Z O И P O J Z L E B Y
```

MAMAC	KORPI
OPREMA	JEZERO
ČAMAC	OKEAN
ŽICE	PRETERIVANJA
STRPLJENJA	REKE
TEŽINA	SEZONA
KUKA	PLAŽA
VILICE	PERAJA
ŠKRGE	VODA
KUVAR	

59 - Fruit

```
G A V O K A D O K P K U A O
J L I M U N S L I A O E V Y
A H G V G E C J V P K H И T
B I L O U K V D I A O B B B
U R V I Š N J E J J S Y D R
K F E O T И T T Z A J O B K
A R И S P O M O R A N D Ž A
G B N E K T A R I N A I P J
C R E D G V L E G A K N L S
K P O R L P E A Y N T J A I
G P H Ž R L Z Y P A D A M J
И V D Z Đ I F F L S U S D E
M A N G O A M A L I N E N V
P K R U Š K E B A N A N E A
```

KAJSIJE	KIVI
ANANAS	KOKOS
JABUKA	MANGO
AVOKADO	DINJA
BANANE	NEKTARINA
BERRI	POMORANDŽA
LIMUN	PAPAJA
GROŽĐA	KRUŠKE
MALINE	BRESKVE
VIŠNJE	PLAM

60 - Literatuur

```
B  H  Z  A  Y  J  A  D  P  Y  D  И  R  D
I  I  M  H  U  I  A  R  E  M  R  E  P  I
O  Y  A  M  L  T  S  Z  S  Z  Y  U  E  J
G  L  J  J  F  V  O  O  M  N  S  B  S  A
R  A  F  E  G  U  F  R  A  Y  V  B  N  L
A  I  N  Z  A  K  L  J  U  Č  A  K  I  O
F  T  T  A  N  E  G  D  O  T  A  I  Č  G
I  E  B  A  L  R  O  M  A  N  M  L  K  A
J  M  F  E  M  O  I  S  E  L  P  Z  E  N
A  A  P  B  R  Y  G  T  Z  C  V  T  R  A
T  P  I  B  I  Y  F  I  K  C  I  J  A  L
U  И  B  A  M  I  Š  L  J  E  N  J  E  I
T  R  A  G  E  D  I  J  E  A  C  N  O  Z
P  O  R  E  Đ  Đ  E  N  J  E  E  J  D  P  A
```

ANALOGIJA	MIŠLJENJE
ANALIZA	PESNIČKE
ANEGDOTA	RIME
AUTOR	RITAM
BIOGRAFIJA	ROMAN
ZAKLJUČAK	STIL
DIJALOG	TEMA
FIKCIJA	TRAGEDIJE
PESMA	POREĐENJE

61 - Technologie

```
P O D A T A K A E P P T I P
O K G H V G P O K T R U S V
R A Č U N A R P R N E R T R
U M A S D Y P P A K G P R R
K E G T S A J V N M L T A O
A R O A B I T U E S E V Ž E
N A G T G A O U Y D R I C
P Z M I G P J U T K A A V U
T F U S J M L T R E Č G A B
S O F T V E R M O N K N N L
D I G I T A L N I V O A J O
D H Z K U R S O R A A S E G
U A P A O I N T E R N E T И
V I R T U E L N I V I R U S
```

PORUKA   PODATAKA
DATOTEKA   INTERNET
BLOG   ISTRAŽIVANJE
PREGLEDAČ   EKRAN
BAJTOVA   SOFTVER
KAMERA   STATISTIKA
RAČUNAR   SIGURNOST
KURSORA   VIRTUELNI
DIGITALNI   VIRUS

62 - Boeken

```
V И P A L Č Z A B A E P R I
J H T R A G I Č N E P R O S
P O E Z I J E T R Y S I M T
D V O J N O S T A B K Č A O
K N J I Ž E V N E Č E A N R
I M E R E L E V A N T N O I
H G Z S K K D O R P K Z C J
Y B D U H O V I T T I P T S
U K A V A N T U R A S S C K
I N V E N T I V N I T A A I
Y H I S G E K O V P R J U N
P E S M A K A E K M A И T A
F F I V I S L Z A O N D O J
M E P V Z T P M Z A A Z R N
```

AUTOR	DUHOVIT
AVANTURA	INVENTIVNI
STRANA	ČITAČ
KONTEKST	KNJIŽEVNE
DVOJNOST	POEZIJE
EPSKE	RELEVANTNO
PESMA	ROMAN
NAPISAN	TRAGIČNE
ISTORIJSKI	PRIČA

63 - Meer Informatie

```
E  C  I  M  B  G  I  P  J  U  I  C  P  O
B  I  O  S  K  O  P  И  D  T  S  V  E  T
R  F  A  T  E  H  N  O  L  O  G  I  J  A
G  A  L  A  K  S  I  J  A  P  O  K  I  D
E  N  P  A  S  P  C  B  A  I  D  N  L  I
K  T  L  Z  T  T  O  E  И  J  S  J  U  S
S  A  A  Z  R  E  Č  Ž  N  E  Y  I  Z  T
P  S  N  R  E  G  J  P  A  A  Z  G  I  O
L  T  E  E  M  V  H  C  D  R  R  E  J  P
O  I  T  A  N  R  E  A  L  N  O  I  E  I
Z  Č  E  P  E  K  R  O  B  O  T  A  O  J
I  A  A  P  R  O  R  O  Č  I  Š  T  E  A
J  N  F  U  T  U  R  I  S  T  I  Č  K  I
E  T  A  J  A  N  S  T  V  E  N  U  C  N
```

BIOSKOP
KNJIGE
POŽAR
DISTOPIJA
EKSPLOZIJE
EKSTREMNE
FANTASTIČAN
FUTURISTIČKI
ILUZIJE
TAJANSTVEN

PROROČIŠTE
PLANETE
REALNO
ROBOTA
SCENARIO
GALAKSIJA
TEHNOLOGIJA
UTOPIJE
SVET

64 - Regenwoud

```
U V V R S T E P Z V B G G E
T O R Z A J E D N I C A Z L
O D E A J O Z D S I S A R A
Č O D P T I C E T D I P E A
I Z N R A Z N O L I K O S T
Š E E I U O D P O K B Š T C
T M B R T Č Ž S B L O T A D
E C N O O U U T L I T O U I
G I K D H V N A A M A V R N
H P A A T A G N C A N A A S
H M И И O N L A I O I T C E
V T A N N J I K U K Č I I K
И У И C I E R R F D K L J T
T T M A H O V I N A I P A I
```

VODOZEMCI
OČUVANJE
BOTANIČKI
RAZNOLIKOST
ZAJEDNICA
AUTOHTONIH
INSEKTI
DŽUNGLI
KLIMA
MAHOVINA

PRIRODA
OPSTANAK
POŠTOVATI
RESTAURACIJA
VRSTE
UTOČIŠTE
PTICE
VREDNE
OBLACI
SISARA

65 - Haartypes

```
K P T P K D M A R M K G C K
R B P G P A L E I L T O R B
A E P Ć U A J Y K D A Z N H
T O P L E T E N I A L Z A C
A И Y B P L A V A D A D P B
K O V R D Ž A V A A S R B S
T R R E U S I V A F A A D I
K D U O G T S U V A S V J И
A E Z S O A R V B O T M N K
O B O J E N E L V R A A R D
Z E N A U A B E D D A M A A
H O E J F K R T R A M O O H
L O K N E P O S J P H J N J
E G P A P K I K A H P L A U
```

PLAVA	SIVA
BRAON	ĆELAV
DEBEO	KRATAK
SUVA	LOKNE
TANAK	KOVRDŽAVA
OBOJENE	DUGO
PLETENI	BEO
ZDRAV	MEKA
SJAJNA	SREBRO
TALASASTA	CRNA

66 - Stad

```
S M U P T R Ž I Š T E B Z P
O U A E R O D R O M P I O O
L E P M U Z E J U Z A O O Z
V U F E G G A K V F Z S V O
G A L E R I J A L A B K R R
C Z M H M M B F D I O O T I
K V P T S T A D I O N P S Š
N A E I L И N R F F P I D T
J T K Ć N И K Š K O L A C E
I J A P A Z E P S E P M A I
Ž B R D N R I E J H T P L Y
A B A P O T E K E И N A G O
R B I B L I O T E K E K A I
A И И И T H O T E L R D S V
```

APOTEKE

PEKARA

BANKE

BIBLIOTEKE

BIOSKOP

CVEĆAR

KNJIŽARA

ZOO VRT

GALERIJA

HOTEL

KLINICI

AERODROM

TRŽIŠTE

MUZEJ

ŠKOLA

STADION

SUPERMARKETA

POZORIŠTE

67 - Natuur

```
P D I V L J A I D M S L P B
S L I V I T A L N I K S U H
V A A N K I K H A U L Š S I
E L R N A G J D R R O U T Ž
T I E K I M A G L A N M I I
I Š K G T N I N O I I A N V
L Ć E И S I E Č N И Š G J O
I E L I A A K A A E T L I T
Š P E A P Č E L E N E E D I
T S P O K O J A N Y I Č K N
E И O B L A C I K B H E B J
B F T R O P S K E L O R C E
K O A E R O Z I J E P D A T
T Y Z R O P J U K I K J A F
```

ARKTIK
PLANINE
PČELE
ŠUMA
ŽIVOTINJE
DINAMIČAN
EROZIJE
LIŠĆE
GLEČER
SVETILIŠTE

MAGLA
REKE
LEPOTA
SKLONIŠTE
SPOKOJAN
TROPSKE
VITALNI
DIVLJA
PUSTINJI
OBLACI

68 - Dinosaurussen

```
O P L E N S U Z E M L J E B
A G R E P T I L S O R E P I
R Z R A J M V S S Ć A N J L
E L K O I B R E B A R L S J
V O R T M S S Z P N F P U O
O B I I A N T F O S I L A J
L N L T M E E O K U B C И E
U A A R U S G M R O O P A D
C N G A T T V E L I Č I N A
I G K F L A T S V E J E D J
J G H C И N A O L P G S N L
E P M V P A M J B D R V K F
F M N N Z K P E G T И Y A I
C G F R N P F D V E L I K A
```

ZEMLJE

MESOJED

OGROMNE

EVOLUCIJE

FOSILA

VELIKA

VELIČINA

BILJOJED

MOĆAN

MAMUT

SVEJED

PRAISTORIJSKI

PLEN

REPTIL

VRSTE

REP

NESTANAK

ZLOBNA

KRILA

69 - Zoogdieren

```
N G I O O L E G A D A B A R
K G Z B B A И L A K R P A A
И K O N J L V G C M L L S K
A E T R B И K O J O T A A K
T N Y F I Z O G P M V P K V
I G M P K L Z E C A M Z A Y
M U A R D M A G A R A C M S
L R J O F B K G F I Č T I J
F E M B R I D H Z P K V L U
J J U K L P E A R L A И E P
K A N G A S L O N A L M L G
L I S I C A F S E V U K A S
A J T L L Ž I R A F A L F L
G C I A A I N C O V V N N A
```

MAJMUN	KENGUR
DABAR	MAČKA
KOJOTA	ZEC
DELFIN	LAV
MAGARAC	SLON
KOZA	KONJ
ŽIRAFA	BIK
GORILA	LISICA
PAS	KIT
KAMILE	VUK

70 - 1 Jaar Geleden

```
S M E Š N O S U Z И K T J Š
J D F И L Y P K D O G K S A R
R Č I S T Z E O R E N E И R
A P K N P S O Z U O K R P M
D B A E H G D F S Z M L O A
O L S Z D O B R O Y D A N N
Z G A A K O R I S N O A N T
N T N V P A C I J E N T N A
A H A I N G P N U M V E R N
O O H S O D L U Č U J U Ć I
B Z C N S T R A S T V E N I
И P R A K T I Č N E И M N R
A I N T E L I G E N T A N K
U M E T N I Č K E M U D A R
```

UMETNIČKE	SMEŠNO
KORISNO	INTELIGENTAN
SKROMAN	RADOZNAO
ODLUČUJUĆI	NEZAVISNA
POUZDAN	PACIJENT
ŠARMANTAN	PRAKTIČNE
EFIKASAN	ČIST
STRASTVENI	MUDAR
DOBRO	

71 - Kampioenschap

```
G  T  P  N  P  R  V  E  N  S  T  V  O  A
E  S  P  I  A  P  M  K  A  P  G  H  T  F
I  T  L  Z  Z  S  C  G  T  I  E  F  N  I
T  R  E  N  E  R  T  S  U  D  I  J  A  N
I  A  C  O  N  A  U  R  I  S  M  P  A  A
M  T  O  J  B  Y  P  U  P  G  P  E  O  L
A  E  A  E  L  L  I  G  A  R  O  D  B  I
I  G  H  N  N  N  K  T  N  E  R  A  E  S
U  I  A  J  G  N  P  P  U  P  T  L  D  T
J  J  F  E  A  A  F  R  G  R  V  J  A  A
H  U  G  D  Y  P  N  C  J  V  N  A  A  U
M  O  T  I  V  A  C  I  J  A  I  I  K  T
A  P  P  J  Y  T  B  K  O  K  V  J  R  O
T  K  Z  L  Y  V  N  P  N  F  Z  I  M  S
```

FINALISTA
IGRE
PRVAK
PRVENSTVO
LIGA
MEDALJA
MOTIVACIJA
NASTUP

SUDIJA
SPORT
STRATEGIJU
TIM
TURNIR
TRENER
ZNOJENJE
POBEDA

72 - Exploratie

```
A  V  J  H  O  D  L  K  M  E  B  C  A  N
I  O  P  U  T  P  A  U  S  T  И  Z  S  E
B  D  P  E  K  E  И  L  V  J  P  R  Ž  P
H  R  A  B  R  O  S  T  E  R  E  N  I  O
Y  E  K  P  I  A  G  U  M  K  D  F  V  Z
J  Đ  T  U  Ć  J  P  R  I  Z  O  H  O  N
M  I  I  T  E  H  K  A  R  N  P  J  T  A
J  V  V  O  P  A  S  A  N  D  A  I  I  T
K  A  N  V  R  G  S  J  S  I  S  K  N  S
C  N  O  A  V  И  N  U  N  V  N  L  J  S
A  J  S  T  И  T  O  E  J  L  O  P  E  I
O  E  T  I  F  A  V  F  И  J  S  S  Z  D
J  E  Z  I  K  O  A  P  Z  A  T  S  P  P
U  Z  B  U  Đ  E  N  J  E  F  I  G  K  B
```

AKTIVNOST	OTKRIĆE
ODREĐIVANJE	UZBUĐENJE
KULTURA	PUTOVATI
ŽIVOTINJE	SVEMIR
OPASAN	JEZIK
OPASNOSTI	TEREN
HRABROST	DALEKOJ
NOVA	DIVLJA
NEPOZNAT	

73 - Voertuigen

```
P O D M O R N I C E F T M A
K Y S E Z U J J Y N B S O C
M K S T R A J E K T K K T I
R G Y R S J G I E N V O O E
A U T O B U S A V I O N R S
K M R Y I K A R A V A N H K
E E A M C J Z B I S E P I U
T G K A I K A M I O N I T T
A M T P K V K M G U T A N E
N R O S L R O S E N C G U R
E C R H D L L Z P V A A N V
T A K S I F A N V L F H U E
Č A M A C V F A E S A Z U F
H E L I K O P T E R V V A P
```

HITNU   PODMORNICE
KOLA   RAKETA
GUME   SKUTER
ČAMAC   TAKSI
AUTOBUS   TRAKTOR
KARAVAN   VOZ
BICIKL   TRAJEKT
HELIKOPTER   AVION
METRO   SPLAV
MOTOR   KAMION

74 - Geografie

```
E K V A T O R R I K D A L Z
U Y G T N Y C S E V B Y I J
V S S L P P R H U K И И U J
L Z D A H L H D H M E L C И
M K K S G И A R E G I O N A
A O S T R V O N M Y K P M T
P N R C A I Z G I F O Z E R
A T C E D N V H S N K A R O
O I K U N B I И F S E P I P
D N D A R T S D E S A A D I
O E P E R O I M R V N D I M
M N L I E P N И E E Z K J A
B T M N A J U G G T M D A E
S E V E R Z E M L J U C N T
```

ATLAS
PLANINE
KONTINENT
OSTRVO
EKVATOR
HEMISFERE
VISINU
MAPA
ZEMLJU
MERIDIJAN

SEVER
OKEAN
REGIONA
REKE
GRAD
TROPIMA
SVET
ZAPAD
MORE
JUG

75 - Kunstbenodigdheden

```
R V K Y K K A P P E G P P C
B E T U A R U G A L J V Y J
L F V И M E Y Y P S U P C R
S E I H E A K R I L T A B P
T Č P J R T И U M P T E U P
A E K A A I O L O V K E L I
L T J A K V A R E L I R A A
A K P E S N T V E E G P S B
K E G S T O L I C A S T V N
L K B U O S M A S T I L O I
E P O L M T R I A N N K D O
J A J J И D E J E L S A K
O H E E F R C R D B M J A P
Z P A I O E O A P A P I R V
```

AKRIL	KLEJ
AKVARELI	BOJE
ČETKE	LEPAK
KAMERA	ULJE
KREATIVNOST	PAPIR
STALAK	PASTELA
GUMICA	OLOVKE
UGALJ	STOLICA
IDEJE	STO
MASTILO	VODA

76 - Barbecues

```
K M P F N G P A V U P R T P
I U A L G Y I B I B E R Y U
V Z R P И N L G L A D F P G
R I A Y B L E L J Z M N Y V
U K D V U E M N U J R L Z E
Ć A A Y A T P V Š V O Ć E Č
E V J P A O O T K G Š I V E
S S Z O A J Z N E P T D K R
P O V R Ć E I R N L I L P A
G E S O H G V U O K L U E J
F L Y D O C P Č Ž O J K P P
C P D I A F O A E A C J S L
P A L C Z G C K V H F T D S
Y F S A L A T E I C O Z F И
```

VEČERA	MUZIKA
PORODICA	BIBER
VOĆE	SALATE
ROŠTILJ	SOS
POVRĆE	PARADAJZ
VRUĆE	LUK
GLAD	POZIV
PILE	VILJUŠKE
RUČAK	LETO
NOŽEVI	SO

77 - Wetenschappelijke Discip

```
S A N E U R O L O G I J E A
G O B O T A N I K E K C I E
E И C F I Z I O L O G I J E
O M M I N E R A L O G I J A
L I E S O E T K P T A Y B N
O S S H F L K I B K R R I A
G H C E A D O O N F O O O T
I R Z M Z N U G L K E B H O
J A A I S S I C I O J O E M
E N A J J O B K D J G T M I
N E I E V K G U E F E I I J
A S T R O N O M I J E K J E
P S I H O L O G I J E E E E
A R H E O L O G I J E H J K
```

ANATOMIJE	MEHANIKE
ARHEOLOGIJE	MINERALOGIJA
ASTRONOMIJE	NEUROLOGIJE
BIOHEMIJE	BOTANIKE
HEMIJE	PSIHOLOGIJE
EKOLOGIJE	ROBOTIKE
FIZIOLOGIJE	SOCIOLOGIJE
GEOLOGIJE	ISHRANE

78 - Bijvoeglijke Naamwoorden

```
N  G  O  O  S  O  Z  K  Z  O  L  N  N  Č
O  L  G  L  L  H  P  H  P  D  T  A  I  I
R  A  B  J  A  K  C  I  O  P  R  D  D  S
M  D  Z  I  N  U  N  Y  S  A  U  A  I  T
A  A  Z  V  O  M  T  M  P  N  F  R  V  A
L  N  O  V  A  O  K  E  A  N  I  E  L  P
N  Z  P  N  Z  R  U  A  N  Y  R  N  J  R
O  A  F  P  U  A  L  S  T  T  Y  O  A  I
A  F  K  Z  A  N  I  M  L  J  I  V  O  R
K  R  E  A  T  I  V  N  E  K  A  Č  D  O
P  R  O  D  U  K  T  I  V  N  I  P  A  D
D  R  A  M  A  T  I  Č  A  N  U  A  F  N
Z  P  O  N  O  S  N  I  F  P  U  Z  Z  O
A  I  G  B  O  D  G  O  V  O  R  A  N  M
```

AUTENTIČAN	NOVA
NADAREN	NORMALNO
OPISNI	PRODUKTIVNI
KREATIVNE	POSPAN
DRAMATIČAN	JAK
ZDRAV	PONOSNI
GLADAN	ODGOVORAN
ZANIMLJIVO	DIVLJA
UMORAN	SLANO
PRIRODNO	ČISTA

79 - Kleding

```
T A J P B P R U K A V I C E
B P I D Ž A M E O A A C S N
E L A A O N P Y Š A N A H A
M U U V U T A D U P A R D R
M F G Z I A H A L J I N A U
O N И Š A L И C J Z Y Z L K
G G V C B O L K A C D E V V
Z K R Z F N E E K A P U T I
Č Y O L P E U C I P E L A C
M A O A I Z T E A U P H K A
O Z R K N C D L T M C K A Y
D E I A L M A J A Z H D I J
A C P G P O J A S U K N J A
J A K N U E E H D Š E Š I R
```

NARUKVICA
BLUZA
PANTALONE
RUKAVICE
ŠEŠIR
KAPUT
JAKNU
HALJINA
OGRLICA

MODA
PIDŽAME
POJAS
SUKNJA
CIPELA
KECELJA
KOŠULJA
ŠAL
ČARAPE

80 - Vliegtuigen

```
S A E V V Z S H P T Y A O S
D Z И P P H S Y O U I V D I
E G P I L O T C S R Y A I L
D U P U F U И Z A B B N Z A
N E B O T O D Z D U A T A Z
K R E T A N J E E L L U J A
O D F V I S I N A E O R N K
P R A V C U P K G N N A M V
V O D O N I K L O C O F O A
B F T I I S T O R I J A T Z
D V R E I C V K I J A A O D
S L E T A N J A V E G R R U
T C E H F L P J O A A A B H
K O N S T R U K C I J A D N
```

SILAZAK
AVANTURA
BALON
POSADE
KONSTRUKCIJA
GORIVO
ISTORIJA
NEBO
VISINA
SLETANJA

VAZDUH
MOTOR
KRETANJE
DIZAJN
PUTNIK
PILOT
PRAVCU
TURBULENCIJE
VODONIK

81 - Herbalisme

```
Z K R P S A S T O J A K U U
K U L I N A R S K E M S K P
Š F R P C R I R S P I C V K
K A J M V N B O S I L J A K
O R F I E K A E L H D T L R
R O M R T S Š P L H L S I U
I M A O A P T E A I A S T Z
J A J Đ P N A R V A L R E M
A T O I R I G Š A L O U T A
N I R J K J N U N G L A K R
D Č A A G Y C N D A O J T I
E N N Z E L E N E R P N И N
R O M A K O M O R A Č Y T A
U K U S O R I G A N O B R U
```

AROMATIČNO
BOSILJAK
CVET
KULINARSKE
MIROĐIJA
ESTRAGON
ZELEN
SASTOJAK
BELI LUK
KORIJANDER

KVALITET
LAVANDE
MAJORAN
ORIGANO
PERŠUN
RUZMARIN
ŠAFRAN
UKUS
BAŠTA
KOMORAČ

82 - Piraten

```
K  L  B  J  J  B  U  V  I  A  K  O  A  D
A  A  P  O  S  A  D  E  B  A  R  S  J  H
P  P  E  A  K  P  P  P  V  Y  Z  T  F  T
E  S  Ć  L  K  T  G  L  V  T  A  R  L  O
T  K  I  O  Ž  I  L  J  A  K  S  V  M  P
A  P  N  D  L  L  O  M  K  Ž  T  O  P  A
N  G  E  I  R  P  Š  A  O  B  A  K  Z  P
S  Z  P  M  Y  O  E  A  M  L  V  E  L  A
O  P  A  S  N  O  S  T  P  A  A  A  A  G
A  V  A  N  T  U  R  A  A  G  P  N  T  A
R  U  M  C  F  T  V  M  S  O  N  A  O  J
L  E  G  E  N  D  A  A  O  R  И  G  G  T
P  E  H  L  E  P  Y  Č  V  E  O  H  G  U
U  O  H  P  E  L  V  U  V  G  J  P  E  K
```

SIDRO	LEGENDA
AVANTURA	OŽILJAK
POSADE	OKEAN
OSTRVO	PAPAGAJ
OPASNOST	RUM
ZLATO	BLAGO
PEĆINE	LOŠE
MAPA	PLAŽA
KAPETAN	ZASTAVA
KOMPAS	MAČ

83 - Om in te Vullen

```
R V S T M M J R I J B J G M
M K G K E B U P G B E O A K
K O F U F G I K B D Z H C A
A K I T A D L V A Z A U L A
R O O I S Ž E U S P M O E N
T V K J C E Ž U E K O F E R
O E A A I P I Y N O E F H A
N R I B K C Š F T R Y M I B
A T P O L U T Z T P I S D Y
B E G I U D E И O I A T G C
E U И C Z И C R H R P S B E
G R R И P A K E T I L J T V
Z Y T E S A N D U K L G F И
V H E F Z F A O Y O C R T E
```

BASEN
CEV
LEŽIŠTE
KUTIJA
KOFU
KOVERTE
BOCA
KARTON
KOFER

SANDUK
FIOKA
KORPI
FASCIKLU
PAKET
TEGLU
VAZA
BURE
DŽEP

84 - Surfen

```
Z  P  G  E  L  M  R  P  S  O  B  C  S  E
B  K  D  V  K  T  J  E  Z  R  O  P  P  R
R  И  N  A  F  S  И  N  H  U  K  S  O  G
Z  A  B  A  V  A  T  A  E  Z  E  J  R  A
I  P  O  P  U  L  A  R  N  A  A  T  T  V
N  Z  V  O  L  P  O  Č  E  T  N  A  I  S
A  F  O  K  И  A  A  L  И  M  I  S  S  T
H  I  M  S  G  G  P  S  P  G  N  Y  T  O
Y  D  Z  N  T  A  L  A  S  R  F  E  A  M
A  B  I  A  O  I  A  G  K  E  V  B  A  A
B  N  O  G  P  N  L  U  N  B  R  A  C  K
P  A  C  E  P  L  A  Ž  A  E  E  M  K  P
B  A  H  M  N  F  P  V  I  N  M  И  B  S
B  A  A  O  E  U  C  E  P  R  E  S  I  U
```

SPORTISTA
POČETNA
EKSTREMNE
TALAS
PRVAK
SNAGE
STOMAK
GUŽVE
OKEAN

ZABAVA
POPULARNA
GREBEN
PENA
BRZINA
STIL
PLAŽA
VREME

85 - Rijden

```
P  M  L  B  K  A  M  I  O  N  A  T  E  O
O  O  I  R  U  D  A  P  L  N  Y  U  F  P
A  T  L  Z  E  U  P  S  R  L  A  N  D  A
G  O  R  I  V  O  A  A  K  E  Z  E  D  S
A  R  M  N  C  A  H  O  O  A  V  L  L  N
K  O  L  A  V  I  N  B  Č  L  P  O  M  O
G  A  R  A  Ž  A  J  R  N  I  U  P  Z  S
N  E  S  R  E  Ć  A  A  I  C  T  K  M  T
G  U  R  S  U  U  G  Ć  C  E  S  P  U  L
Z  L  Z  F  T  H  L  A  E  N  J  E  V  C
C  I  J  S  S  B  M  J  S  C  Y  Š  L  V
R  C  D  P  R  P  B  A  C  U  L  A  T  Z
S  I  G  U  R  N  O  S  T  V  A  K  N  U
P  P  I  Z  B  N  A  J  I  A  E  Z  L  C
```

KOLA	KOČNICE
GORIVO	BRZINA
GARAŽA	ULICI
GAS	TUNEL
OPASNOST	SIGURNOST
MAPA	SAOBRAĆAJA
LICENCU	PREVOZ
MOTOR	PEŠAK
NESREĆA	KAMION
POLICIJA	PUT

86 - Wetenschap

```
L O R G A N I Z M A H P Č P
E A T O M G A F I Z I K E R
H L B S T V A R I K P T S I
F E V O L U C I J E O M T R
P O И E R V P P L P T E I O
C A S P T A I J E R E T C D
N Z H I U J T K K U Z O E A
K A I H L F J O B D E D I F
L R U E K S P E R I M E N T
I S T Č G G H E M I J S K E
M P M I N E R A L A J O N B
A G G J T I P O D A T A K A
V E M O L E K U L A R A A V
Z P O S M A T R A N J E A H
```

ATOM
HEMIJSKE
ČESTICE
EVOLUCIJE
EKSPERIMENT
STVARI
FOSIL
PODATAKA
HIPOTEZE
KLIMA

LABORATORIJA
METOD
MINERALA
MOLEKULA
PRIRODA
FIZIKE
POSMATRANJE
ORGANIZMA
NAUČNIK

87 - Badkamer

```
C E A H G Š A M P O N T D D
P B I S V P A A T B P O U G
T B E A L O S I O N A A S Š
Z K U Z M A K A Z E R L T I
S U N Đ E R V S L N F E V T
M P A R E B O I A И E T Y G
E K I O C Y D A N P M Y A T
H A H G B A A L Y A U F N G
U L I L P E Š K I R P N M C
R Z Y E S S Z L I T E P I H
I V E D K L K T J A C F T U
Ć E Y A R P D A V P M L G P
A D L L I I N R B R M И Y P
L R R O C P O H H K N И A
```

KUPKA
MEHURIĆA
TUŠ
PEŠKIR
SLAVINA
LOSION
PARFEM
MAKAZE

ŠAMPON
OGLEDALO
SUNĐER
PARE
TEPIH
VODA
TOALET
SAPUN

88 - Speelgoed

```
R  K  O  L  A  L  I  B  B  Y  G  P  I  S
O  J  O  B  U  B  N  J  E  V  I  G  R  E
M  L  N  И  C  T  A  И  C  S  M  A  I  A
I  Z  O  И  B  L  K  Š  И  Č  K  B  G  O
L  И  A  P  N  S  L  A  G  A  L  I  C  A
J  I  A  N  T  V  E  H  M  M  T  C  L  N
E  P  A  J  A  A  J  K  A  A  V  I  O  N
N  D  F  P  O  T  K  I  Š  C  H  K  Z  L
I  R  O  B  O  T  A  C  T  B  H  L  J  G
P  B  O  A  A  A  M  B  E  U  И  J  V  T
O  U  D  E  D  E  I  S  Y  Y  V  O  Z  R
O  Z  P  E  K  Z  O  K  E  S  J  U  M  P
H  Z  M  O  M  A  N  C  M  C  M  V  A  I
И  I  И  I  K  N  J  I  G  E  I  I  J  Z
```

ZANATA   LUTKA
KOLA   SLAGALICA
LOPTA   ROBOT
KNJIGE   ŠAH
ČAMAC   VOZ
BUBNJEVI   MAŠTE
OMILJENI   ZMAJ
BICIKL   AVION
IGRE   KAMION
KLEJ

89 - Muziekinstrumenten

```
K K P K G И U I D P V E H T
K L K P L M R C E P I S U A
L F A G O T J T H A O V A M
A P C V G I T A R A L B S B
R I Y C I T R U B A O U A U
I C U L T R O M B O N B K R
N M D C E K R C R P Č A S A
E M A N D O L I N A E N O Š
T O R N U L O J Z P L J F A
F B A V I O L I N U O F O T
E O L H A R F E J D G H N N
B U J H A R M O N I K A D U
N Y K F L A U T A G O N G C
Z B E N D Ž O K S P N L K U
```

BENDŽO	HARMONIKA
VIOLONČELO	UDARALJKE
FAGOT	KLAVIR
FLAUTA	SAKSOFON
GITARA	TAMBURAŠA
GONG	TROMBON
HARFE	BUBANJ
OBOU	TRUBA
KLARINET	VIOLINU
MANDOLINA	

90 - Activiteiten en Vrije Ti

```
U  K  S  U  R  F  O  V  A  N  J  E  A  Z
S  R  O  N  J  E  N  J  E  T  G  N  M  F
T  L  B  A  Š  T  O  V  A  N  S  T  V  O
U  R  I  B  O  L  O  V  V  R  N  Z  A  G
Y  A  F  K  O  Š  A  R  K  U  B  L  O  I
E  A  H  B  U  O  I  U  F  U  D  B  A  L
K  A  M  P  O  V  A  N  J  E  D  O  P  O
U  C  L  H  I  Z  N  L  N  D  F  K  U  D
Z  D  A  A  O  U  M  E  T  N  O  S  T  B
T  P  A  D  I  B  E  J  Z  B  O  L  O  O
A  H  D  Z  I  C  I  И  K  T  H  B  V  J
K  O  P  U  Š  T  A  J  U  Ć  E  B  A  K
P  A  R  D  D  J  E  T  E  N  I  S  T  A
E  M  F  G  O  L  F  T  И  A  B  V  I  E
```

KOŠARKU
BOKS
RONJENJE
GOLF
RIBOLOV
HOBIJE
BEJZBOL
KAMPOVANJE
UMETNOST

OPUŠTAJUĆE
PUTOVATI
SLIKU
SURFOVANJE
TENIS
BAŠTOVANSTVO
FUDBAL
ODBOJKA

91 - Water

```
U R T O M P U T R E K E K A
I T O M R O G R A И J Z A A
A U I C A P N O A U T M N F
V Š S И Z L R S A G A C A K
P L P P S A N G U G A T L F
V L A G E V A E U N P N O Y
V C R Ž G A L J L E D H P A
L K A M N N K Z J E Z E R O
A P V C M O K I Š E T V P K
Ž B A B S T S R V K S A P E
N P N C N M N T C A S И A A
E A J H S D E V I A T A P N
R R A H И A G R Y L Y C P A
T E G T A L A S A V F U M B
```

TUŠ	KIŠE
GEJZIR	REKE
TALASA	SNEG
LED	PARE
KANAL	ISPARAVANJA
JEZERO	VLAGE
MONSUN	VLAŽNE
OKEANA	VLAŽNOSTI
URAGAN	MRAZ
POPLAVA	

92 - Schaken

```
N  B  E  O  P  E  E  P  Ž  A  S  I  K  J
P  K  D  E  R  N  H  R  R  Z  T  Z  E  L
I  G  R  A  V  F  V  A  T  C  R  A  I  G
C  R  N  A  A  A  J  V  V  K  A  Z  F  U
V  I  C  Y  K  M  A  I  O  R  T  O  L  T
P  A  S  I  V  N  I  L  V  A  E  V  P  A
V  G  C  O  O  D  T  A  A  L  G  A  O  K
K  R  A  L  J  I  C  A  N  J  I  S  E  M
T  T  T  K  P  E  G  J  J  Z  J  L  N  I
S  U  V  R  E  M  E  R  E  S  U  I  I  Č
K  A  R  Y  B  L  C  U  A  F  H  Y  G  E
E  U  U  И  K  V  F  N  Č  S  T  K  N
R  K  L  D  I  J  A  G  O  N  A  L  E  J
P  K  S  S  P  R  O  T  I  V  N  I  K  E
```

DIJAGONALE
PRVAK
KRALJ
KRALJICA
ŽRTVOVANJE
PASIVNI
POENI
PRAVILA
IGRA

IGRAČ
STRATEGIJU
PROTIVNIK
VREME
TURNIR
IZAZOVA
TAKMIČENJE
BEO
CRNA

93 - Boerderij #1

```
M G S L D P I L E V T K H P
K M И A P O L J E M Y R C T
O R M E D L K O Z A F I N Z
N И A R P J G H E Č V O D A
J J G V A O Z S J K A K A S
A G A I A P P T И A S C Z G
И N R M N R R Č Z A P E P R
I M A Y И I U T E L E D K S
G Y C Y A V И V C L R G A M
O T Đ U B R I V A J A T O P
S S E M E E P I R I N A Č C
B I N Z A D M A E Z T L I G
U S J N O E Z И S E N O U P
N E A O G R A D E V R A N A
```

PČELA
MAGARAC
KOZA
OGRADE
PAS
MED
SENO
TELE
MAČKA
PILE

KRAVA
VRANA
JATO
POLJOPRIVREDE
ĐUBRIVA
KONJ
PIRINAČ
POLJE
VODA
SEME

94 - Huis

```
O  B  J  B  Y  O  T  E  P  I  H  G  O  K
P  I  O  M  N  H  G  E  U  L  D  P  G  U
O  B  A  Š  T  A  E  R  H  V  U  M  L  H
D  L  C  M  E  T  L  A  A  K  N  K  E  I
R  I  И  A  L  B  O  T  C  D  H  C  D  N
U  O  M  A  U  I  V  U  И  V  E  A  A  J
M  T  F  N  A  M  E  Š  T  A  J  G  L  A
R  E  L  L  J  L  E  Z  K  U  J  A  O  R
R  K  Z  Z  J  A  K  A  M  I  N  R  И  I
P  E  K  M  U  M  K  P  T  G  T  A  E  A
D  U  И  L  F  P  L  R  S  D  V  Ž  A  И
N  R  F  Z  H  A  S  S  O  B  I  A  I  I
F  P  L  A  F  O  N  O  B  V  R  A  T  A
Z  I  D  S  P  T  L  N  A  I  L  E  T  D
```

METLA	KUHINJA
BIBLIOTEKE	LAMPA
KROV	NAMEŠTAJ
VRATA	ZID
TUŠ	PLAFON
GARAŽA	DIMNJAK
KAMIN	SOBI
OGRADE	OGLEDALO
SOBA	TEPIH
PODRUM	BAŠTA

95 - Kleuren

```
L C V B H A B A B J U E И F
J E R R A A T F V M M J Y U
U Z A N H A A L L S Y A A C
B E O I A B Z Y B E Ž M O H
I L U H L O U U U P P E K S
Č E Z U J A R M A I C G R I
A N Y O S B E C I J A N A A
S I V A P O M O R A N D Ž A
T A K E L D J U S V S L U B
A V C S A O V Y G G E R T R
E Y S S V I L L K N Z N I A
R O Z E A M A G E N T A A O
A K P T C L N O K L F F O N
V O N K U B F H S C H U F U
```

AZURE	MAGENTA
BEŽ	POMORANDŽA
PLAVA	LJUBIČASTA
BRAON	CRVENA
CIJAN	ROZE
FUCHSIA	SEPIJA
ŽUT	BEO
SIVA	CRNA
ZELEN	

96 - Verjaardag

```
M U D R O S T K F M U И P G
I T O L B C P A L K S P A И
R A D O S N O R Y B V T J D
P O K L O N S T S P E S M A
S O G P Y S E I L R Ć N P G
R P Z R F D B C K G E C Z И
O R A I L A N E E V F Ć A C
Đ O B J V N O N C A M L A D
E S A A C N R A И Y U M J N
N L V T L J I G O D I N A V
T A A E A K P C T T P I B R
C V L L I K A L E N D A R E
C A Z J S E Ć A N J A Z E M
J U И I T O R T A T G E Z E
```

RADOSNO
TORTA
DAN
ROĐEN
SREĆAN
POKLON
SEĆANJA
GODINA
MLAD
SVEĆE

KARTICE
KALENDAR
PESMA
ZABAVA
POSEBNO
VREME
POZIVNICE
PROSLAVA
PRIJATELJI
MUDROST

97 - Getallen

```
M  R  O  N  D  Z  L  И  E  M  A  J  E  E
A  R  S  A  E  E  P  E  T  E  Y  E  D  A
Š  A  A  C  V  B  S  C  S  R  E  D  E  H
Š  E  M  M  E  M  E  E  D  S  N  A  V  P
E  D  S  L  T  J  D  E  T  R  I  N  E  Č
S  V  K  T  O  S  A  M  N  A  E  S  T  E
N  A  P  A  V  B  M  D  V  A  D  P  N  T
A  N  E  P  R  C  U  Č  P  C  A  S  A  R
E  A  T  H  M  S  G  H  E  V  V  A  E  N
S  E  N  U  L  A  A  C  U  T  O  Z  S  A
T  S  A  F  A  C  R  И  G  A  I  Y  T  E
E  T  E  D  V  A  D  E  S  E  T  R  F  S
J  M  S  E  D  A  M  N  A  E  S  T  I  T
J  D  T  R  I  N  A  E  S  T  M  Z  F  Z
```

OSAM	DVA
OSAMNAEST	DVADESET
TRINAEST	ČETRNAEST
TRI	ČETIRI
JEDAN	PET
DEVET	PETNAEST
DEVETNAEST	ŠEST
NULA	ŠESNAEST
DESET	SEDAM
DVANAEST	SEDAMNAEST

98 - Boerderij #2

```
G  S  K  L  P  Š  E  N  I  C  E  Y  C  O
B  D  A  J  A  G  N  J  E  T  B  P  A  I
P  K  E  T  S  M  L  E  K  A  P  S  U  J
K  P  A  C  T  N  E  A  M  B  A  R  E  E
O  U  C  K  I  V  O  Ć  N  J  A  K  C  Č
Š  P  O  V  R  Ć  A  K  L  I  V  A  D  A
N  A  V  O  D  N  J  A  V  A  N  J  E  M
I  T  O  J  V  F  O  P  P  J  F  Y  K  U
C  K  Ć  K  R  C  A  K  Y  T  C  I  M  R
A  A  E  L  A  A  E  R  R  J  N  U  O  O
D  T  R  A  K  T  O  R  M  P  L  H  B  N
Ž  I  V  O  T  I  N  J  E  E  K  N  D  K
C  L  M  L  K  G  K  U  K  U  R  U  Z  O
V  E  T  R  E  N  J  A  Č  A  O  Y  I  U
```

KOŠNICA	JAGNJE
FARMER	LAME
VOĆNJAK	KUKURUZ
ŽIVOTINJE	MLEKA
PATKA	OVCE
VOĆE	AMBAR
JEČAM	PŠENICE
POVRĆA	TRAKTOR
PASTIR	LIVADA
NAVODNJAVANJE	VETRENJAČA

99 - Voeding

```
C A V U V Z D R A V L J E V
U F I K И A K V A L I T E T
T R T U B P R O T E I N A A
E L A S M C K E D I J E T A
Ž Z M V G J T S N K M C T O
I V I J N G Y S Y J M P Z J
N C N A G O P A J P E U E D
A Y M H C U T J E S T I V O
G O R K A R И E A P E T I T
H O Z A Č I N I Ž R B U Z G
S O S D K B B L H E L U B D
V H J O R R A A T И N T O B
M J M H K A L O R I J A R L
И V H K R I V O T R O V A A
```

GORKA	ZDRAVLJE
KALORIJA	IZBORA
DIJETA	KVALITET
JESTIVO	SOS
APETIT	UKUS
PROTEINA	ZAČINI
URAVNOTEŽEN	VARENJE
TEŽINA	OTROV
ZDRAV	VITAMIN

1 - Metingen

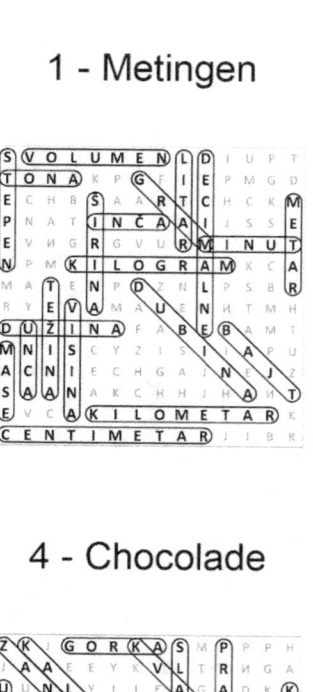

2 - Keuken

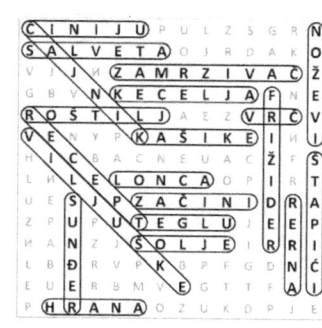

3 - Boten

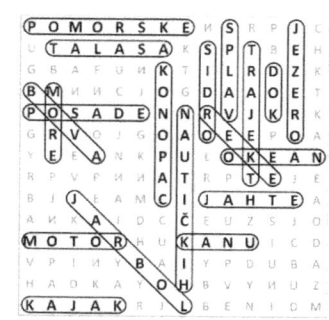

4 - Chocolade

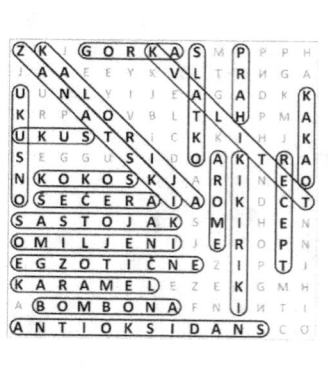

5 - Tijd

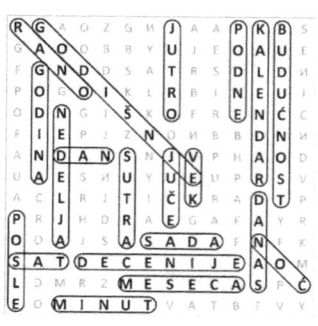

6 - Meditatie

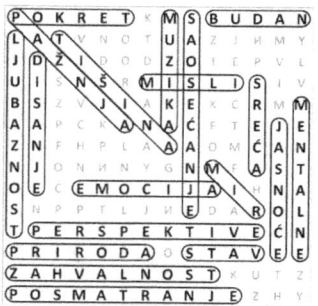

7 - Zomer

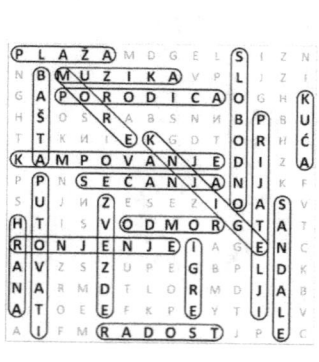

8 - Vogels

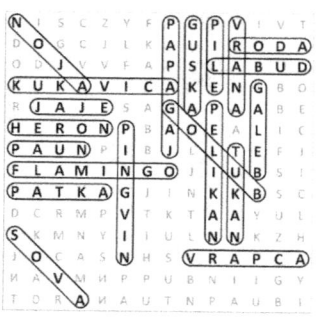

9 - Behoud

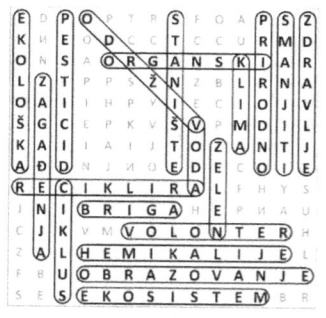

10 - Wiskunde

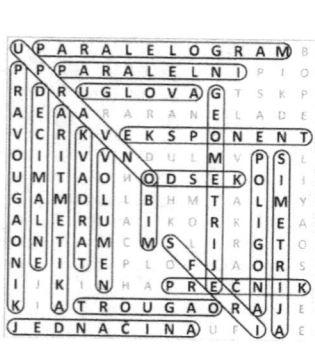

11 - Camping

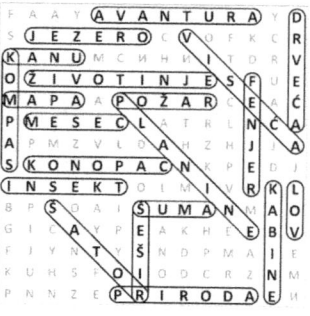

12 - Activiteiten

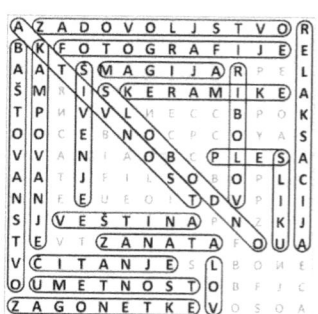

13 - Vormen

14 - Astronomie

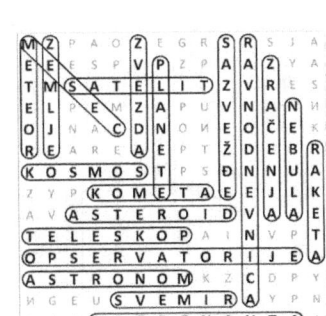

15 - Emoties

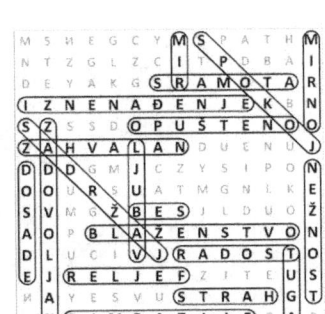

16 - Vakantie #2

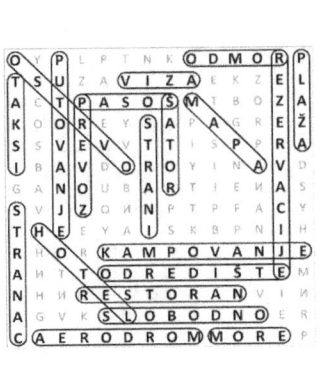

17 - Weersomstandigh

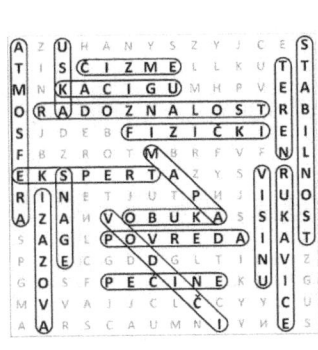

18 - Strand

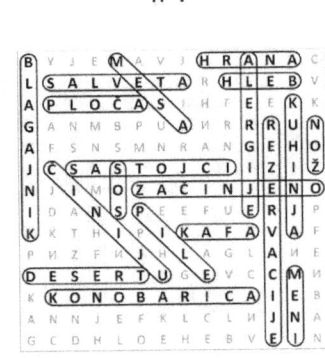

19 - Eten #2

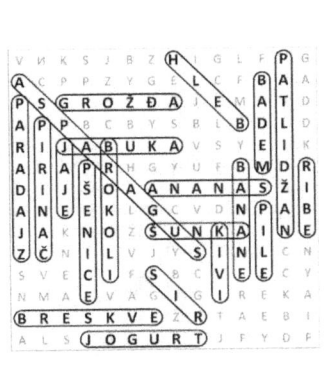

20 - Klimmen

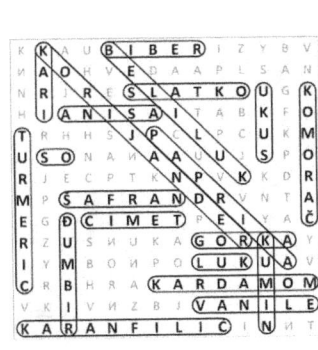

21 - Restaurant #1

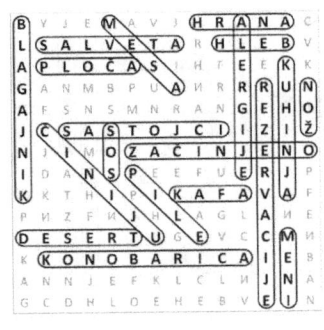

22 - Geologie

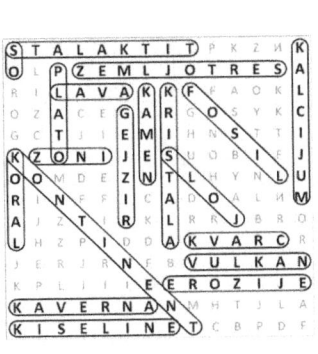

23 - Specerijen

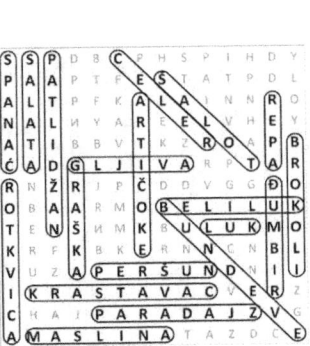

24 - Groenten

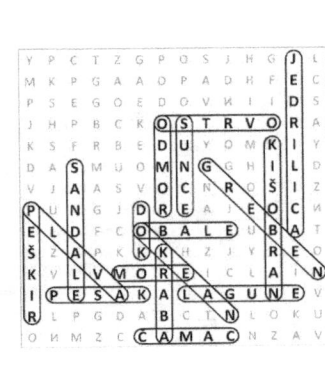

25 - Dans

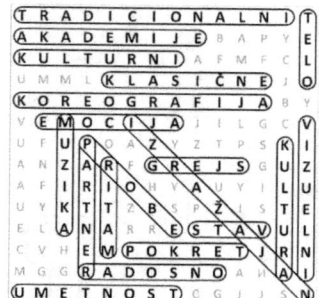

26 - Sport

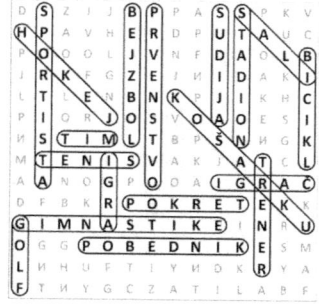

27 - Mythologie

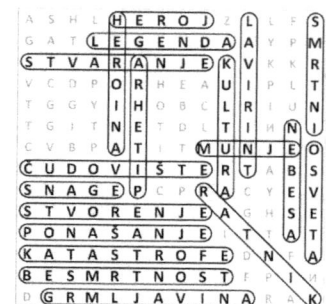

28 - Eten #1

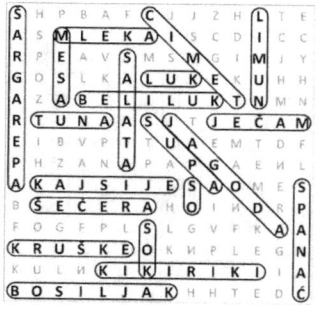

29 - Avontuur

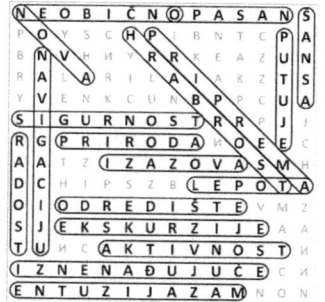

30 - Circus

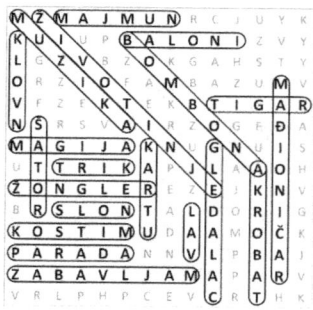

31 - Restaurant #2

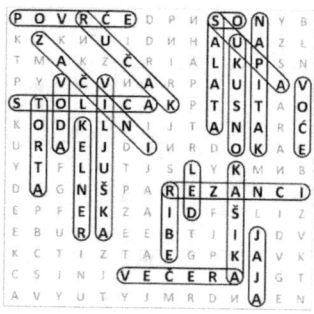

32 - Bijen

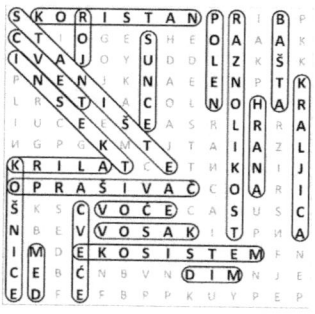

33 - School #1

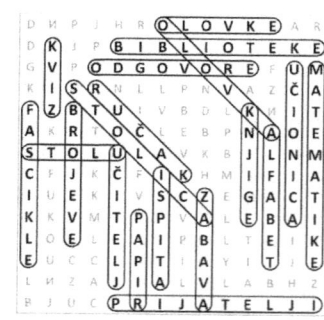

34 - Wandelen

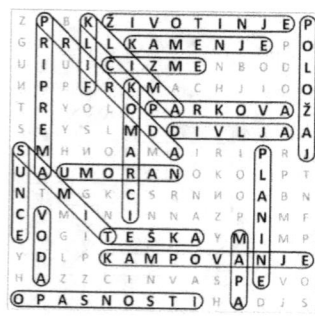

35 - Ecologie

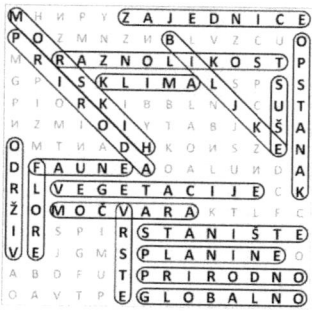

36 - Installaties

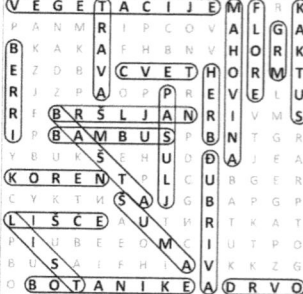

37 - School #2

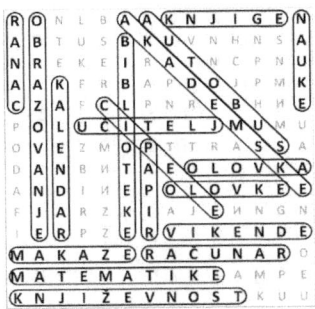

38 - Oceaan

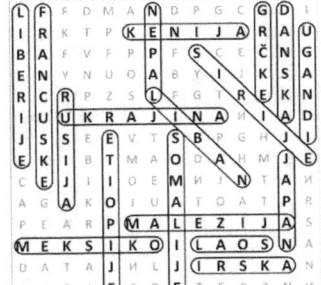

39 - Landen #2

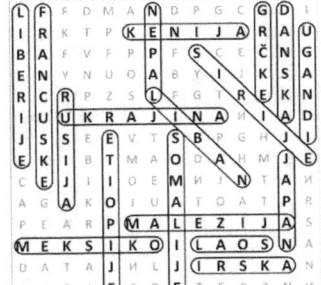

40 - Bloemen

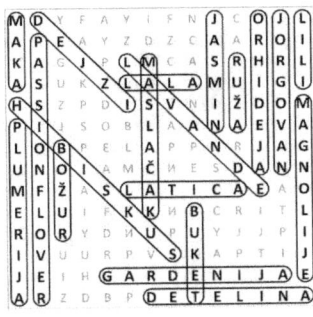

41 - Huisdieren

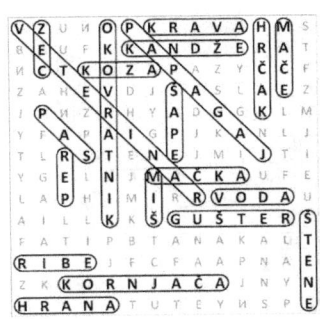

42 - Landschappen

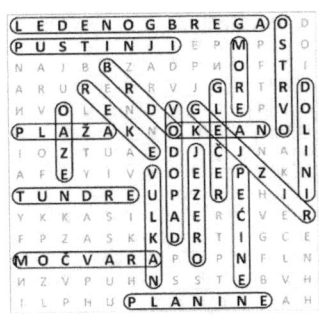

43 - Tuin

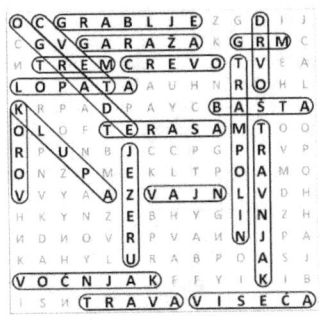

44 - Katten

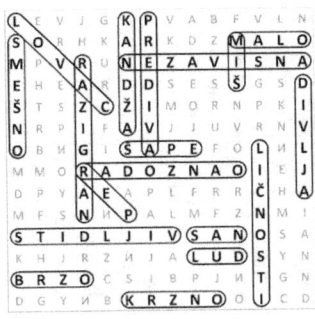

45 - Beroepen #2

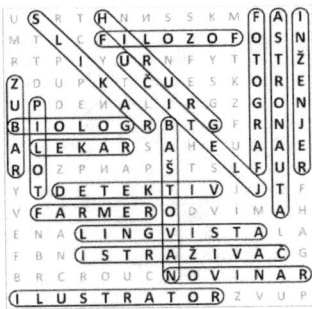

46 - Komedie

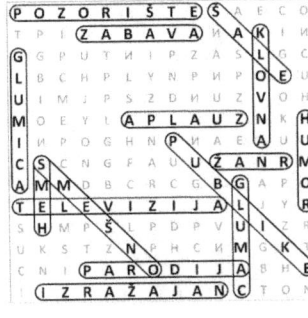

47 - Dagen en Maanden

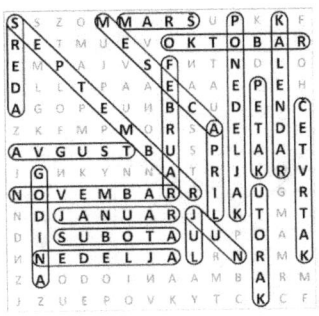

48 - Beeldende Kunsten

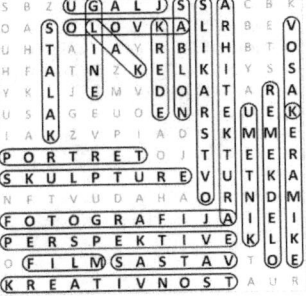

49 - Menselijk Lichaam

50 - Familie

51 - Gebouwen

52 - Kunst

53 - Beroepen #1

54 - Kastelen

55 - Insecten

56 - Antarctica

57 - Ballet

58 - Vissen

59 - Fruit

60 - Literatuur

61 - Technologie

62 - Boeken

63 - Meer Informatie

64 - Regenwoud

65 - Haartypes

66 - Stad

67 - Natuur

68 - Dinosaurussen

69 - Zoogdieren

70 - 1 Jaar Geleden

71 - Kampioenschap

72 - Exploratie

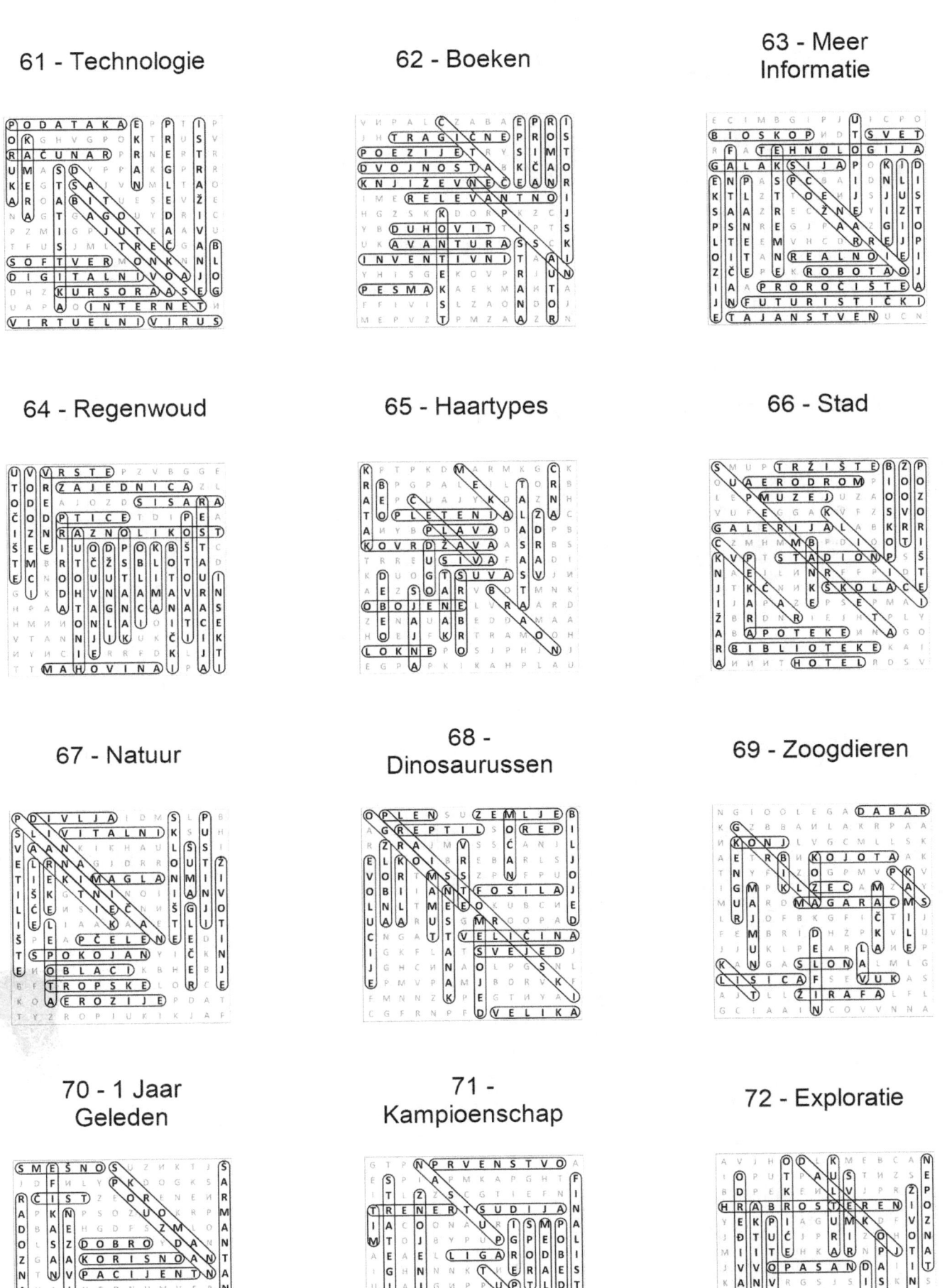

73 - Voertuigen

74 - Geografie

75 - Kunstbenodigdhe

76 - Barbecues

77 - Wetenschappelijk

78 - Bijvoeglijke Naamwoorden

79 - Kleding

80 - Vliegtuigen

81 - Herbalisme

82 - Piraten

83 - Om in te Vullen

84 - Surfen

85 - Rijden

KAMION · BRZINA · GORIVO · KOLA · GARAŽA · NESREĆA · SIGURNOST · PUT · PASNOST · MOTOR · LICENCA

86 - Wetenschap

ORGANIZMA · ATOM · FIZIKE · STVARI · EVOLUCIJE · EKSPERIMENT · HEMIJSKE · MINERALA · PODATAKA · MOLEKULA · POSMATRANJE · PRIRODA · METODE · KLIMA

87 - Badkamer

ŠAMPON · LOSION · MAKAZE · SUNĐER · PARE · OGLEDALO · PEŠKIR · TEPIH · MEHURIĆA

88 - Speelgoed

KOLA · BUBNJEVI · IGRE · SLAGALICA · AVION · ROBOT · VOZ · KNJIGE · LOPTA

89 - Muziekinstrument

FAGOT · GITARA · TRUBA · TROMBON · MANDOLINA · VIOLINU · HARFE · HARMONIKA · FLAUTA · GONG · BENDŽO · KLARINET · SAKSOFON · TAMBURAŠ

90 - Activiteiten en Vrije Ti

SURFOVANJE · RONJENJE · BAŠTOVANSTVO · RIBOLOV · KOŠARKU · FUDBAL · KAMPOVANJE · UMETNOS · BEJZBOL · OPUŠTAJUĆE · TENIS · GOLF

91 - Water

REKE · KANAL · VLAGE · LED · JEZERO · TALASA · PARA · MRAZ

92 - Schaken

BEO · IGRA · CRNA · PASIVNI · KRALJICA · VREME · DIJAGONALE · PROTIVNIK · STRATEGIJA · KRALJ · TAKMIČENJE

93 - Boerderij #1

PILE · POLJE · KOZA · VODA · TELE · ĐUBRIVA · JATO · SEME · PIRINAČ · SENO · OGRADE · VRANA · MED

94 - Huis

TEPIH · BAŠTA · METLA · NAMEŠTAJ · KAMIN · SOBI · PLAFON · VRATA · ZID · PODRUM · KUHINJA · OGLEDALO

95 - Kleuren

BEŽ · CIJAN · SIVA · PORANDŽA · ROZE · MAGENTA · LAVA · FUCHSIA · BRAON

96 - Verjaardag

MUDROST · RADOSNO · POKLON · SPESMA · MLAD · GODINA · KALENDAR · SEĆANJA · KARTICE · VREME

97 - Getallen

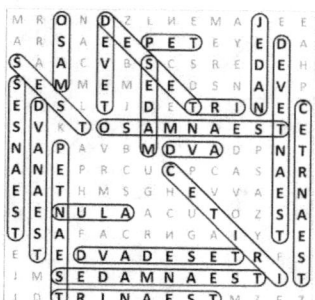

98 - Boerderij #2

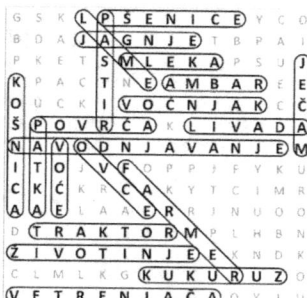

99 - Voeding

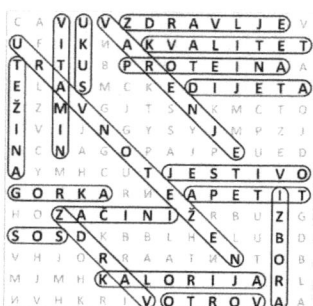

Woordenboek

1 Jaar Geleden
Врлине Бр.

Artistiek	Umetničke
Behulpzaam	Korisno
Bescheiden	Skroman
Beslissend	Odlučujući
Betrouwbaar	Pouzdan
Charmant	Šarmantan
Efficiënt	Efikasan
Gepassioneerd	Strastveni
Goed	Dobro
Grappig	Smešno
Gul	Velikodušan
Intelligent	Inteligentan
Nieuwsgierig	Radoznao
Onafhankelijk	Nezavisna
Patiënt	Pacijent
Praktisch	Praktične
Schoon	Čist
Wijs	Mudar

Activiteiten
Aktivnosti

Activiteit	Aktivnost
Ambachten	Zanata
Dansen	Ples
Fotografie	Fotografije
Hengelsport	Ribolov
Jacht	Lov
Kamperen	Kampovanje
Keramiek	Keramike
Kunst	Umetnost
Lezen	Čitanje
Magie	Magija
Naaien	Šivenje
Ontspanning	Relaksacija
Plezier	Zadovoljstvo
Puzzels	Zagonetke
Schilderij	Sliku
Tuinieren	Baštovanstvo
Vaardigheid	Veština
Vrije Tijd	Slobodno
Wandelen	Planinarenje

Activiteiten en Vrije Ti
Aktivnosti i Slobodno Vr

Basketbal	Košarku
Boksen	Boks
Duiken	Ronjenje
Golf	Golf
Hengelsport	Ribolov
Hobby	Hobije
Honkbal	Bejzbol
Kamperen	Kampovanje
Kunst	Umetnost
Ontspannen	Opuštajuće
Reis	Putovati
Schilderij	Sliku
Surfen	Surfovanje
Tennis	Tenis
Tuinieren	Baštovanstvo
Voetbal	Fudbal
Volleybal	Odbojka
Wandelen	Planinarenje
Zwemmen	Plivanje

Antarctica
Антарктика

Baai	Bej
Behoud	Očuvanje
Continent	Kontinent
Eilanden	Ostrva
Expeditie	Ekspedicije
Geografie	Geografije
Gletsjers	Glečera
Ijs	Led
Migratie	Migracije
Mineralen	Minerala
Omgeving	Okruženju
Onderzoeker	Istraživač
Pinguïn	Pingvini
Rotsachtig	Roki
Schiereiland	Poluostrvo
Temperatuur	Temperatura
Topografie	Topografije
Water	Voda
Wetenschappelijk	Naučne
Wolken	Oblaci

Astronomie
Astronomija

Aarde	Zemlje
Asteroïde	Asteroid
Astronaut	Astronauta
Astronoom	Astronom
Equinox	Ravnodnevnica
Komeet	Kometa
Kosmos	Kosmos
Maan	Mesec
Meteoor	Meteor
Nevel	Nebula
Observatorium	Opservatorije
Planeet	Planete
Raket	Raketa
Satelliet	Satelit
Ster	Zvezda
Sterrenbeeld	Sazvežđe
Straling	Zračenja
Telescoop	Teleskop
Universum	Svemir
Zwaartekracht	Gravitacije

Avontuur
Avantura

Activiteit	Aktivnost
Bestemming	Odredište
Enthousiasme	Entuzijazam
Excursie	Ekskurzije
Gevaarlijk	Opasan
Kans	Šansa
Moed	Hrabrost
Moeilijkheid	Teškoće
Natuur	Priroda
Navigatie	Navigaciju
Nieuw	Nova
Ongewoon	Neobično
Reizen	Putuje
Schoonheid	Lepota
Uitdagingen	Izazova
Veiligheid	Sigurnost
Verrassend	Iznenađujuće
Voorbereiding	Priprema
Vreugde	Radost
Vrienden	Prijatelji

Badkamer
Kupatilo

Bad	Kupka
Bellen	Mehurića
Douche	Tuš
Handdoek	Peškir
Kraan	Slavina
Lotion	Losion
Parfum	Parfem
Schaar	Makaze
Shampoo	Šampon
Spiegel	Ogledalo
Spons	Sunđer
Stoom	Pare
Tapijt	Tepih
Water	Voda
Wc	Toalet
Zeep	Sapun

Ballet
Balet

Applaus	Aplauz
Artistiek	Umetničke
Ballerina	Balerina
Choreografie	Koreografija
Componist	Kompozitor
Dansers	Plesača
Expressief	Izražajan
Gebaar	Gest
Intensiteit	Intenzitet
Muziek	Muzika
Orkest	Orkestar
Praktijk	Vežba
Publiek	Publike
Repetitie	Probe
Ritme	Ritam
Sierlijk	Graciozan
Spieren	Mišića
Stijl	Stil
Techniek	Tehnika
Vaardigheid	Veština

Barbecues
Роштиљ

Diner	Večera
Familie	Porodica
Fruit	Voće
Grill	Roštilj
Groente	Povrće
Heet	Vruće
Honger	Glad
Kip	Pile
Lunch	Ručak
Messen	Noževi
Muziek	Muzika
Peper	Biber
Salades	Salate
Saus	Sos
Tomaten	Paradajz
Uien	Luk
Uitnodiging	Poziv
Vorken	Viljuške
Zomer	Leto
Zout	So

Beeldende Kunsten
Vizuelne Umetnosti

Architectuur	Arhitektura
Artiest	Umetnik
Beeldhouwwerk	Skulpture
Creativiteit	Kreativnost
Ezel	Stalak
Film	Film
Foto	Fotografija
Houtskool	Ugalj
Keramiek	Keramike
Klei	Gline
Krijt	Krede
Meesterwerk	Remek-Delo
Perspectief	Perspektive
Portret	Portret
Potlood	Olovka
Samenstelling	Sastav
Schilderij	Slikarstvo
Stencil	Šablon
Vernis	Lak
Was	Vosak

Behoud
Konzervacija

Chemicaliën	Hemikalije
Duurzaam	Održiv
Ecosysteem	Ekosistem
Fiets	Ciklus
Gezondheid	Zdravlje
Groen	Zelen
Habitat	Stanište
Klimaat	Klima
Milieu	Ekološka
Natuurlijk	Prirodno
Onderwijs	Obrazovanje
Organisch	Organski
Pesticide	Pesticid
Recycleren	Reciklira
Verminderen	Smanjiti
Vervuiling	Zagađenja
Vrijwilliger	Volonter
Water	Voda
Zorg	Briga

Beroepen #1
Професије Бр.

Advocaat	Advokat
Ambassadeur	Ambasador
Apotheker	Farmaceut
Astronoom	Astronom
Atleet	Sportista
Bankier	Bankar
Brandweerman	Vatrogasac
Cartograaf	Kartograf
Danser	Plesačica
Dierenarts	Veterinar
Dokter	Lekar
Editor	Urednik
Geoloog	Geolog
Jager	Lovac
Juwelier	Zlatar
Muzikant	Muzičar
Pianist	Pijanista
Psycholoog	Psiholog
Verpleegster	Sestra
Wetenschapper	Naučnik

Beroepen #2
Професије Бр.

Arts	Lekar
Astronaut	Astronauta
Bibliothecaris	Bibliotekar
Bioloog	Biolog
Boer	Farmer
Chirurg	Hirurg
Detective	Detektiv
Filosoof	Filozof
Fotograaf	Fotograf
Illustrator	Ilustrator
Ingenieur	Inženjer
Journalist	Novinar
Leraar	Učitelj
Linguïst	Lingvista
Onderzoeker	Istraživač
Piloot	Pilot
Schilder	Slikar
Tandarts	Zubar
Tuinman	Baštovan
Uitvinder	Pronalazač

Bijen
Pčele

Bestuiver	Oprašivač
Bijenkorf	Košnice
Bloemen	Cveće
Bloesem	Cvet
Diversiteit	Raznolikost
Ecosysteem	Ekosistem
Fruit	Voće
Habitat	Stanište
Honing	Med
Insect	Insekt
Koningin	Kraljica
Rook	Dim
Stuifmeel	Polen
Tuin	Bašta
Vleugels	Krila
Voedsel	Hrana
Voordelig	Koristan
Was	Vosak
Zon	Sunce
Zwerm	Roj

Bijvoeglijke Naamwoorden
Придеви Бр.

Aantrekkelijk	Atraktivne
Actief	Aktivan
Ambitieus	Ambiciozan
Aromatisch	Aromatično
Artistiek	Umetničke
Belangrijk	Važno
Diep	Dubok
Donker	Tamno
Dun	Tanak
Eerlijk	Iskren
Exotisch	Egzotične
Identiek	Identičan
Jong	Mlad
Lang	Dugo
Langzaam	Sporo
Modern	Moderan
Onschuldig	Nevin
Perfect	Savršeno
Waardevol	Vredne
Zwaar	Teška

Bijvoeglijke Naamwoorden
Придеви Бр.

Authentiek	Autentičan
Begaafd	Nadaren
Beschrijvend	Opisni
Creatief	Kreativne
Dramatisch	Dramatičan
Gezond	Zdrav
Hongerig	Gladan
Interessant	Zanimljivo
Moe	Umoran
Natuurlijk	Prirodno
Nieuw	Nova
Normaal	Normalno
Productief	Produktivni
Slaperig	Pospan
Sterk	Jak
Trots	Ponosni
Verantwoordelijk	Odgovoran
Wild	Divlja
Zout	Slano
Zuiver	Čista

Bloemen
Cveće

Bloemblad	Latica
Boeket	Buket
Gardenia	Gardenija
Hibiscus	Hibiskus
Jasmijn	Jasmin
Klaver	Detelina
Lavendel	Lavande
Lelie	Lili
Lila	Jorgovan
Madeliefje	Dejzi
Magnolia	Magnolije
Orchidee	Orhideja
Paardebloem	Maslačak
Papaver	Maka
Passiebloem	Passionflover
Pioenroos	Božur
Plumeria	Plumerija
Roos	Ruža
Tulp	Lala
Zonnebloem	Suncokret

Boeken
Knjige

Auteur	Autor
Avontuur	Avantura
Bladzijde	Strana
Collectie	Kolekcija
Context	Kontekst
Dualiteit	Dvojnost
Episch	Epske
Gedicht	Pesma
Geschreven	Napisan
Historisch	Istorijski
Humoristisch	Duhovit
Inventief	Inventivni
Lezer	Čitač
Literair	Književne
Poëzie	Poezije
Relevant	Relevantno
Roman	Roman
Tragisch	Tragične
Verhaal	Priča
Verteller	Narator

Boerderij #1
Фарма Бр.

Bij	Pčela
Ezel	Magarac
Geit	Koza
Hek	Ograde
Hond	Pas
Honing	Med
Hooi	Seno
Kalf	Tele
Kat	Mačka
Kip	Pile
Koe	Krava
Kraai	Vrana
Kudde	Jato
Landbouw	Poljoprivrede
Mest	Đubriva
Paard	Konj
Rijst	Pirinač
Veld	Polje
Water	Voda
Zaden	Seme

Boerderij #2
Фарма # 2

Bijenkorf	Košnica
Boer	Farmer
Boomgaard	Voćnjak
Dieren	Životinje
Eend	Patka
Fruit	Voće
Gerst	Ječam
Groente	Povrća
Herder	Pastir
Irrigatie	Navodnjavanje
Lam	Jagnje
Lama	Lame
Maïs	Kukuruz
Melk	Mleka
Schaap	Ovce
Schuur	Ambar
Tarwe	Pšenice
Tractor	Traktor
Weide	Livada
Windmolen	Vetrenjača

Boten
Brodovi

Anker	Sidro
Bemanning	Posade
Boei	Bova
Dok	Dok
Golven	Talasa
Jacht	Jahte
Kajak	Kajak
Kano	Kanu
Maritiem	Pomorske
Mast	Jarbol
Meer	Jezero
Motor	Motor
Nautisch	Nautičkih
Oceaan	Okean
Rivier	Reke
Touw	Konopac
Veerboot	Trajekt
Vlot	Splav
Zee	More
Zeilboot	Jedrilica

Camping
Kampovanje

Avontuur	Avantura
Berg	Planine
Bomen	Drveća
Bos	Šuma
Brand	Požar
Cabine	Kabine
Dieren	Životinje
Hangmat	Viseća
Hoed	Šešir
Insect	Insekt
Jacht	Lov
Kaart	Mapa
Kano	Kanu
Kompas	Kompas
Lantaarn	Fenjer
Maan	Mesec
Meer	Jezero
Natuur	Priroda
Tent	Šator
Touw	Konopac

Chocolade
Čokolada

Antioxidant	Antioksidans
Aroma	Arome
Artisanaal	Zanatski
Bitter	Gorka
Cacao	Kakao
Calorieën	Kalorija
Exotisch	Egzotične
Favoriet	Omiljeni
Heerlijk	Ukusno
Ingrediënt	Sastojak
Karamel	Karamel
Kokosnoot	Kokos
Kwaliteit	Kvalitet
Pinda'S	Kikiriki
Poeder	Prah
Recept	Recept
Smaak	Ukus
Snoep	Bombona
Suiker	Šećera
Zoet	Slatko

Circus
Cirkus

Aap	Majmun
Acrobaat	Akrobat
Ballonnen	Baloni
Clown	Klovn
Dieren	Životinje
Goochelaar	Mađioničar
Jongleur	Žongler
Kaartje	Kartu
Kostuum	Kostim
Leeuw	Lav
Magie	Magija
Muziek	Muzika
Olifant	Slon
Parade	Parada
Snoep	Bombona
Tent	Šator
Tijger	Tigar
Toeschouwer	Gledalac
Truc	Trik
Vermaken	Zabavljam

Dagen en Maanden
Dani i Meseci

April	April
Augustus	Avgust
Dinsdag	Utorak
Donderdag	Četvrtak
Februari	Februar
Jaar	Godina
Januari	Januar
Juli	Jul
Juni	Jun
Kalender	Kalendar
Maand	Meseca
Maandag	Ponedeljak
Maart	Marš
November	Novembar
Oktober	Oktobar
September	Septembar
Vrijdag	Petak
Week	Nedelja
Woensdag	Sreda
Zaterdag	Subota

Dans
Dance

Academie	Akademije
Beweging	Pokret
Blij	Radosno
Choreografie	Koreografija
Cultureel	Kulturni
Cultuur	Kultura
Emotie	Emocija
Expressief	Izražajan
Genade	Grejs
Houding	Stav
Klassiek	Klasične
Kunst	Umetnost
Lichaam	Telo
Muziek	Muzika
Partner	Partner
Repetitie	Probe
Ritme	Ritam
Traditioneel	Tradicionalni
Visueel	Vizuelni

Dinosaurussen
Dinosaurusi

Aarde	Zemlje
Carnivoor	Mesojed
Enorm	Ogromne
Evolutie	Evolucije
Fossielen	Fosila
Groot	Velika
Grootte	Veličina
Herbivoor	Biljojed
Krachtig	Moćan
Mammoet	Mamut
Omnivoor	Svejed
Prehistorisch	Praistorijski
Prooi	Plen
Reptiel	Reptil
Soort	Vrste
Staart	Rep
Verdwijning	Nestanak
Vicieuze	Zlobna
Vleugels	Krila

Ecologie
Ekologija

Bergen	Planine
Diversiteit	Raznolikost
Droogte	Suše
Duurzaam	Održiv
Fauna	Faune
Flora	Flore
Gemeenschappen	Zajednice
Globaal	Globalno
Habitat	Stanište
Klimaat	Klima
Marinier	Morskih
Moeras	Močvara
Natuur	Priroda
Natuurlijk	Prirodno
Overleving	Opstanak
Planten	Biljke
Soort	Vrste
Variëteit	Različite
Vegetatie	Vegetacije
Vrijwilligers	Volontera

Emoties
Emocije

Angst	Strah
Beschaamd	Sramota
Dankbaar	Zahvalan
Droefheid	Tuga
Gelukzaligheid	Blaženstvo
Inhoud	Sadržaj
Kalm	Mirno
Liefde	Ljubav
Ontspannen	Opušteno
Opluchting	Reljef
Rust	Spokoj
Sympathie	Simpatije
Tederheid	Nežnost
Tevreden	Zadovoljan
Verrassing	Iznenađenje
Verveling	Dosade
Vrede	Mir
Vreugde	Radost
Vriendelijkheid	Ljubaznost
Woede	Bes

Eten #1
Храна Бр.

Aardbei	Jagoda
Abrikoos	Kajsije
Basilicum	Bosiljak
Citroen	Limun
Gerst	Ječam
Kaneel	Cimet
Knoflook	Beli Luk
Melk	Mleka
Peer	Kruške
Pinda	Kikiriki
Salade	Salata
Sap	Sok
Soep	Supa
Spinazie	Spanać
Suiker	Šećera
Tonijn	Tuna
Ui	Luk
Vlees	Mesa
Wortel	Šargarepa
Zout	So

Eten #2
Храна # 2

Amandel	Badem
Ananas	Ananas
Appel	Jabuka
Asperge	Asparagus
Aubergine	Patlidžan
Banaan	Banane
Broccoli	Brokoli
Brood	Hleb
Druif	Grožđa
Ei	Jaje
Ham	Šunka
Kaas	Sir
Kip	Pile
Kiwi	Kivi
Perzik	Breskve
Rijst	Pirinač
Tarwe	Pšenice
Tomaat	Paradajz
Vis	Ribe
Yoghurt	Jogurt

Exploratie
Istraživanje

Activiteit	Aktivnost
Bepaling	Određivanje
Culturen	Kultura
Dieren	Životinje
Gevaarlijk	Opasan
Gevaren	Opasnosti
Moed	Hrabrost
Nieuw	Nova
Onbekend	Nepoznat
Ontdekking	Otkriće
Opwinding	Uzbuđenje
Reis	Putovati
Ruimte	Svemir
Taal	Jezik
Terrein	Teren
Uitputting	Iscrpljenost
Ver	Dalekoj
Wild	Divlja

Familie
Porodica

Broer	Brat
Dochter	Ćerka
Grootmoeder	Baka
Jeugd	Detinjstva
Kind	Dete
Kinderen	Deca
Kleinkind	Unuka
Kleinzoon	Unuk
Man	Muž
Moeder	Majka
Neef	Nećak
Nicht	Nećakinja
Oom	Ujak
Opa	Deda
Tante	Tetka
Vader	Otac
Vaderlijk	Očinske
Voorouder	Predak
Vrouw	Supruga
Zus	Sestra

Fruit
Voće

Abrikoos	Kajsije
Ananas	Ananas
Appel	Jabuka
Avocado	Avokado
Banaan	Banane
Bes	Berri
Citroen	Limun
Druif	Grožđa
Framboos	Maline
Kers	Višnje
Kiwi	Kivi
Kokosnoot	Kokos
Mango	Mango
Meloen	Dinja
Nectarine	Nektarina
Oranje	Pomorandža
Papaja	Papaja
Peer	Kruške
Perzik	Breskve
Pruim	Plam

Gebouwen
Zgrade

Ambassade	Ambasade
Appartement	Stan
Bioscoop	Bioskop
Boerderij	Farmi
Cabine	Kabine
Fabriek	Fabrike
Hotel	Hotel
Kasteel	Zamak
Laboratorium	Laboratorija
Museum	Muzej
Observatorium	Opservatorije
School	Škola
Schuur	Ambar
Stadion	Stadion
Supermarkt	Supermarketa
Tent	Šator
Theater	Pozorište
Toren	Kula
Universiteit	Univerzitet
Ziekenhuis	Bolnica

Geografie
Geografija

Atlas	Atlas
Berg	Planine
Continent	Kontinent
Eiland	Ostrvo
Evenaar	Ekvator
Halfrond	Hemisfere
Hoogte	Visinu
Kaart	Mapa
Land	Zemlju
Meridiaan	Meridijan
Noorden	Sever
Oceaan	Okean
Regio	Regiona
Rivier	Reke
Stad	Grad
Tropen	Tropima
Wereld	Svet
Westen	Zapad
Zee	More
Zuiden	Jug

Geologie
Geologija

Aardbeving	Zemljotres
Calcium	Kalcijum
Continent	Kontinent
Erosie	Erozije
Fossiel	Fosil
Geiser	Gejzir
Gesmolten	Rastopljeni
Grot	Kaverna
Koraal	Koral
Kristallen	Kristala
Kwarts	Kvarc
Laag	Sloj
Lava	Lava
Plateau	Plato
Stalactiet	Stalaktit
Steen	Kamen
Vulkaan	Vulkan
Zone	Zoni
Zout	So
Zuur	Kiseline

Getallen
Brojevi

Acht	Osam
Achttien	Osamnaest
Dertien	Trinaest
Drie	Tri
Een	Jedan
Negen	Devet
Negentien	Devetnaest
Nul	Nula
Tien	Deset
Twaalf	Dvanaest
Twee	Dva
Twintig	Dvadeset
Veertien	Četrnaest
Vier	Četiri
Vijf	Pet
Vijftien	Petnaest
Zes	Šest
Zestien	Šesnaest
Zeven	Sedam
Zeventien	Sedamnaest

Groenten
Povrće

Artisjok	Artičoke
Aubergine	Patlidžan
Broccoli	Brokoli
Erwt	Graška
Gember	Đumbir
Knoflook	Beli Luk
Komkommer	Krastavac
Olijf	Maslina
Paddestoel	Gljiva
Peterselie	Peršun
Pompoen	Bundeve
Raap	Repa
Radijs	Rotkvica
Salade	Salata
Selderij	Celer
Sjalot	Šalot
Spinazie	Spanać
Tomaat	Paradajz
Ui	Luk
Wortel	Šargarepa

Haartypes
Tipovi Kose

Blond	Plava
Bruin	Braon
Dik	Debeo
Droog	Suva
Dun	Tanak
Gekleurd	Obojene
Gevlochten	Pleteni
Gezond	Zdrav
Glimmend	Sjajna
Golvend	Talasasta
Grijs	Siva
Kaal	Ćelav
Kort	Kratak
Krullen	Lokne
Krullend	Kovrdžava
Lang	Dugo
Wit	Beo
Zacht	Meka
Zilver	Srebro
Zwart	Crna

Herbalisme
Herbalizam

Aromatisch	Aromatično
Basilicum	Bosiljak
Bloem	Cvet
Culinair	Kulinarske
Dille	Mirođija
Dragon	Estragon
Groen	Zelen
Ingrediënt	Sastojak
Knoflook	Beli Luk
Koriander	Korijander
Kwaliteit	Kvalitet
Lavendel	Lavande
Marjolein	Majoran
Oregano	Origano
Peterselie	Peršun
Rozemarijn	Ruzmarin
Saffraan	Šafran
Smaak	Ukus
Tuin	Bašta
Venkel	Komorač

Huis
Kuća

Bezem	Metla
Bibliotheek	Biblioteke
Dak	Krov
Deur	Vrata
Douche	Tuš
Garage	Garaža
Haard	Kamin
Hek	Ograde
Kamer	Soba
Kelder	Podrum
Keuken	Kuhinja
Lamp	Lampa
Meubilair	Nameštaj
Muur	Zid
Plafond	Plafon
Schoorsteen	Dimnjak
Slaapkamer	Sobi
Spiegel	Ogledalo
Tapijt	Tepih
Tuin	Bašta

Huisdieren
Kućni Ljubimci

Dierenarts	Veterinar
Geit	Koza
Hagedis	Gušter
Hamster	Hrčak
Hond	Pas
Kat	Mačka
Katje	Mače
Klauwen	Kandže
Koe	Krava
Konijn	Zec
Kraag	Okovratnik
Muis	Miš
Papegaai	Papagaj
Poten	Šape
Puppy	Štene
Schildpad	Kornjača
Staart	Rep
Vis	Ribe
Voedsel	Hrana
Water	Voda

Insecten
Insekti

Bidsprinkhaan	Mantis
Bij	Pčela
Bladluis	Uširenih
Cicade	Cvrčci
Horzel	Stršljena
Kakkerlak	Bubašvaba
Kever	Buba
Larve	Larva
Libel	Vilin Konjic
Mier	Mrav
Mot	Moljac
Mug	Komarac
Sprinkhaan	Skakavac
Termiet	Termit
Vlinder	Leptir
Vlo	Buva
Wesp	Osa
Worm	Crv

Installaties
Biljke

Bamboe	Bambus
Bes	Berri
Blad	List
Bloem	Cvet
Boom	Drvo
Boon	Pasulj
Bos	Šuma
Cactus	Kaktus
Flora	Flore
Gebladerte	Lišće
Gras	Trava
Klimop	Bršljan
Kruid	Herb
Mest	Đubriva
Mos	Mahovina
Plantkunde	Botanike
Struik	Grm
Tuin	Bašta
Vegetatie	Vegetacije
Wortel	Koren

Kampioenschap
Prvenstvo

Finalist	Finalista
Games	Igre
Kampioen	Prvak
Kampioenschap	Prvenstvo
Liga	Liga
Medaille	Medalja
Motivatie	Motivacija
Prestatie	Nastup
Rechter	Sudija
Sport	Sport
Strategie	Strategiju
Team	Tim
Toernooi	Turnir
Trainer	Trener
Transpiratie	Znojenje
Zege	Pobeda

Kastelen
Dvorci

Draak	Zmaj
Dynastie	Dinastije
Edele	Plemeniti
Eenhoorn	Jednorog
Feodaal	Feudalno
Harnas	Oklop
Katapult	Katapult
Kerker	Tamnice
Koninkrijk	Kraljevstvo
Kroon	Krunu
Muur	Zid
Paard	Konj
Paleis	Palata
Prins	Princ
Prinses	Princeza
Ridder	Vitez
Rijk	Carstva
Schild	Štit
Toren	Kula
Zwaard	Mač

Katten
Mačke

Bont	Krzno
Garen	Prediva
Gek	Lud
Grappig	Smešno
Jager	Lovac
Klauw	Kandža
Klein	Malo
Muis	Miš
Nieuwsgierig	Radoznao
Onafhankelijk	Nezavisna
Persoonlijkheid	Ličnosti
Poot	Šape
Slaap	San
Snel	Brzo
Speels	Razigran
Staart	Rep
Verlegen	Stidljiv
Wild	Divlja

Keuken
Kuhinja

Cup	Šolje
Eetstokjes	Štapići
Grill	Roštilj
Ketel	Čajnik
Koelkast	Frižider
Kom	Činiju
Kruik	Vrč
Lepels	Kašike
Messen	Noževi
Oven	Rerna
Pollepel	Lonca
Pot	Teglu
Recept	Recept
Schort	Kecelja
Servet	Salveta
Specerijen	Začini
Spons	Sunđer
Voedsel	Hrana
Vorken	Viljuške
Vriezer	Zamrzivač

Kleding
Odeća

Armband	Narukvica
Blouse	Bluza
Broek	Pantalone
Handschoenen	Rukavice
Hoed	Šešir
Jas	Kaput
Jasje	Jaknu
Jurk	Haljina
Ketting	Ogrlica
Mode	Moda
Pyjama	Pidžame
Riem	Pojas
Rok	Suknja
Sandalen	Sandale
Schoen	Cipela
Schort	Kecelja
Shirt	Košulja
Sjaal	Šal
Sokken	Čarape
Trui	Džemper

Kleuren
Boje

Azuur	Azure
Beige	Bež
Blauw	Plava
Bruin	Braon
Cyaan	Cijan
Fuchsia	Fuchsia
Geel	Žut
Grijs	Siva
Groen	Zelen
Magenta	Magenta
Oranje	Pomorandža
Paars	Ljubičasta
Rood	Crvena
Roze	Roze
Sepia	Sepija
Wit	Beo
Zwart	Crna

Klimmen
Penjanje

Atmosfeer	Atmosfera
Deskundige	Ekspert
Fysiek	Fizički
Gidsen	Vodiči
Grot	Pećine
Handschoenen	Rukavice
Helm	Kacigu
Hoogte	Visinu
Kaart	Mapa
Kracht	Snage
Laarzen	Čizme
Letsel	Povreda
Nieuwsgierigheid	Radoznalost
Opleiding	Obuka
Smal	Uska
Stabiliteit	Stabilnost
Terrein	Teren
Uitdagingen	Izazova
Wandelen	Planinarenje

Komedie
Komedija

Acteur	Glumac
Actrice	Glumica
Applaus	Aplauz
Clowns	Klovna
Expressief	Izražajan
Gelach	Smeh
Genre	Žanr
Grappen	Šale
Grappig	Smešno
Humor	Humor
Improvisatie	Improvizacije
Parodie	Parodija
Plezier	Zabava
Publiek	Publike
Televisie	Televizija
Theater	Pozorište

Kunst
Umetnost

Beeldhouwwerk	Skulpture
Complex	Kompleks
Creëren	Stvoriti
Eenvoudig	Jednostavan
Eerlijk	Iskren
Geïnspireerd	Inspirisan
Humeur	Raspoloženje
Keramisch	Keramičke
Onderwerp	Tema
Origineel	Originalne
Persoonlijk	Lični
Poëzie	Poezije
Portretteren	Portret
Samenstelling	Sastav
Schilderijen	Slike
Surrealisme	Nadrealizam
Symbool	Simbol
Uitdrukking	Izraz
Visueel	Vizuelni

Kunstbenodigdheden
Umetnički Pribor

Acryl	Akril
Aquarellen	Akvareli
Borstels	Četke
Camera	Kamera
Creativiteit	Kreativnost
Ezel	Stalak
Gom	Gumica
Houtskool	Ugalj
Ideeën	Ideje
Inkt	Mastilo
Klei	Klej
Kleuren	Boje
Lijm	Lepak
Olie	Ulje
Papier	Papir
Pastel	Pastela
Potloden	Olovke
Stoel	Stolica
Tafel	Sto
Water	Voda

Landen #2
Zemlje #2

Denemarken	Danska
Ethiopië	Etiopije
Frankrijk	Francuske
Griekenland	Grčke
Ierland	Irska
Indonesië	Indonezija
Japan	Japan
Kenia	Kenija
Laos	Laos
Libanon	Liban
Liberia	Liberije
Maleisië	Malezija
Mexico	Meksiko
Nepal	Nepal
Nigeria	Nigerija
Oeganda	Ugandi
Oekraïne	Ukrajina
Rusland	Rusija
Somalië	Somalije
Syrië	Sirije

Landschappen
Pejzaži

Berg	Planine
Eiland	Ostrvo
Geiser	Gejzir
Gletsjer	Glečer
Grot	Pećine
Heuvel	Brdo
Ijsberg	Ledenog Brega
Meer	Jezero
Moeras	Močvara
Oase	Oaze
Oceaan	Okean
Rivier	Reke
Schiereiland	Poluostrvo
Strand	Plaža
Toendra	Tundre
Vallei	Dolini
Vulkaan	Vulkan
Waterval	Vodopad
Woestijn	Pustinji
Zee	More

Literatuur
Književnost

Analogie	Analogija
Analyse	Analiza
Anekdote	Anegdota
Auteur	Autor
Biografie	Biografija
Conclusie	Zaključak
Dialoog	Dijalog
Fictie	Fikcija
Gedicht	Pesma
Mening	Mišljenje
Metafoor	Metafora
Poëtisch	Pesničke
Rijm	Rime
Ritme	Ritam
Roman	Roman
Stijl	Stil
Thema	Tema
Tragedie	Tragedije
Vergelijking	Poređenje
Verteller	Narator

Meditatie
Meditacija

Aandacht	Pažnja
Aanvaarding	Prihvatanje
Ademhaling	Disanje
Beweging	Pokret
Dankbaarheid	Zahvalnost
Emoties	Emocija
Gedachten	Misli
Geluk	Sreća
Helderheid	Jasnoće
Houding	Stav
Mededogen	Saosećanje
Mentaal	Mentalne
Muziek	Muzika
Natuur	Priroda
Observatie	Posmatranje
Perspectief	Perspektive
Stilte	Tišina
Vrede	Mir
Vriendelijkheid	Ljubaznost
Wakker	Budan

Meer Informatie
Naučna Fantastika

Bioscoop	Bioskop
Boeken	Knjige
Brand	Požar
Denkbeeldig	Imaginarne
Dystopie	Distopija
Explosie	Eksplozije
Extreem	Ekstremne
Fantastisch	Fantastičan
Futuristisch	Futuristički
Illusie	Iluzije
Mysterieus	Tajanstven
Orakel	Proročište
Planeet	Planete
Realistisch	Realno
Robots	Robota
Scenario	Scenario
Sterrenstelsel	Galaksija
Technologie	Tehnologija
Utopie	Utopije
Wereld	Svet

Menselijk Lichaam
Ljudsko Telo

Been	Nogu
Bloed	Krv
Elleboog	Lakat
Enkel	Skočni Zglob
Hand	Ruka
Hart	Srce
Hersenen	Mozak
Hoofd	Glava
Huid	Koža
Kaak	Vilice
Kin	Brada
Knie	Koleno
Maag	Stomak
Mond	Usta
Nek	Vrat
Neus	Nos
Oor	Uvo
Schouder	Rame
Tong	Jezik
Vinger	Prst

Metingen
Меасуремeнтс

Breedte	Širina
Byte	Bajt
Centimeter	Centimetar
Decimaal	Decimalne
Diepte	Dubina
Gewicht	Težina
Graad	Stepen
Gram	Gram
Hoogte	Visina
Inch	Inča
Kilogram	Kilogram
Kilometer	Kilometar
Lengte	Dužina
Liter	Litar
Massa	Mase
Meter	Metar
Minuut	Minut
Ons	Unca
Ton	Tona
Volume	Volumen

Muziekinstrumenten
Muzički Instrumenti

Banjo	Bendžo
Cello	Violončelo
Fagot	Fagot
Fluit	Flauta
Gitaar	Gitara
Gong	Gong
Harp	Harfe
Hobo	Obou
Klarinet	Klarinet
Mandoline	Mandolina
Mondharmonica	Harmonika
Percussie	Udaraljke
Piano	Klavir
Saxofoon	Saksofon
Tamboerijn	Tamburaša
Trombone	Trombon
Trommel	Bubanj
Trompet	Truba
Viool	Violinu

Mythologie
Mitologija

Archetype	Arhetip
Bliksem	Munje
Creatie	Stvaranje
Cultuur	Kultura
Donder	Grmljavina
Doolhof	Lavirint
Gedrag	Ponašanje
Held	Heroj
Heldin	Heroina
Hemel	Nebesa
Jaloezie	Ljubomore
Kracht	Snage
Krijger	Ratnik
Legende	Legenda
Monster	Čudovište
Onsterfelijkheid	Besmrtnost
Ramp	Katastrofe
Sterfelijk	Smrtni
Wezen	Stvorenje
Wraak	Osveta

Natuur
Priroda

Arctisch	Arktik
Bergen	Planine
Bijen	Pčele
Bos	Šuma
Dieren	Životinje
Dynamisch	Dinamičan
Erosie	Erozije
Gebladerte	Lišće
Gletsjer	Glečer
Heiligdom	Svetilište
Mist	Magla
Rivier	Reke
Schoonheid	Lepota
Schuilplaats	Sklonište
Sereen	Spokojan
Tropisch	Tropske
Vitaal	Vitalni
Wild	Divlja
Woestijn	Pustinji
Wolken	Oblaci

Oceaan
Okeana

Aal	Jegulja
Algen	Alge
Boot	Čamac
Dolfijn	Delfin
Garnaal	Škampi
Getijden	Plime
Haai	Ajkula
Koraal	Koral
Krab	Kraba
Kwal	Meduza
Octopus	Hobotnice
Oester	Ostriga
Rif	Greben
Schildpad	Kornjača
Spons	Sunđer
Storm	Oluja
Tonijn	Tuna
Vis	Ribe
Walvis	Kit
Zout	So

Om in te Vullen
Za Popunjavanje

Bekken	Basen
Buis	Cev
Dienblad	Ležište
Doos	Kutija
Emmer	Kofu
Envelop	Koverte
Fles	Boca
Karton	Karton
Koffer	Kofer
Krat	Sanduk
Lade	Fioka
Mand	Korpi
Map	Fasciklu
Pakje	Paket
Pot	Teglu
Vaas	Vaza
Vat	Bure
Zak	Džep

Piraten
Pirati

Anker	Sidro
Avontuur	Avantura
Bemanning	Posade
Eiland	Ostrvo
Gevaar	Opasnost
Goud	Zlato
Grot	Pećine
Kaart	Mapa
Kapitein	Kapetan
Kompas	Kompas
Legende	Legenda
Litteken	Ožiljak
Oceaan	Okean
Papegaai	Papagaj
Rum	Rum
Schat	Blago
Slecht	Loše
Strand	Plaža
Vlag	Zastava
Zwaard	Mač

Regenwoud
Rainforest

Amfibieën	Vodozemci
Behoud	Očuvanje
Botanisch	Botanički
Diversiteit	Raznolikost
Gemeenschap	Zajednica
Inheems	Autohtonih
Insecten	Insekti
Jungle	Džungli
Klimaat	Klima
Mos	Mahovina
Natuur	Priroda
Overleving	Opstanak
Respect	Poštovati
Restauratie	Restauracija
Soort	Vrste
Toevlucht	Utočište
Vogels	Ptice
Waardevol	Vredne
Wolken	Oblaci
Zoogdieren	Sisara

Restaurant #1
Ресторан бр. 1

Allergie	Alergije
Bord	Ploča
Brood	Hleb
Ingrediënten	Sastojci
Kassier	Blagajnik
Keuken	Kuhinja
Kip	Pile
Koffie	Kafa
Kom	Činiju
Menu	Meni
Mes	Nož
Pittig	Začinjeno
Reservering	Rezervacije
Saus	Sos
Serveerster	Konobarica
Servet	Salveta
Toetje	Desert
Vlees	Mesa
Voedsel	Hrana

Restaurant #2
Ресторан № 2

Cake	Torta
Diner	Večera
Drank	Napitak
Eieren	Jaja
Fruit	Voće
Groente	Povrće
Heerlijk	Ukusno
Ijs	Led
Lepel	Kašika
Lunch	Ručak
Noedels	Rezanci
Ober	Kelner
Salade	Salata
Soep	Supa
Specerijen	Začini
Stoel	Stolica
Vis	Ribe
Vork	Viljuška
Water	Voda
Zout	So

Rijden
Vožnja

Auto	Kola
Brandstof	Gorivo
Garage	Garaža
Gas	Gas
Gevaar	Opasnost
Kaart	Mapa
Licentie	Licencu
Motorfiets	Motor
Ongeluk	Nesreća
Politie	Policija
Remmen	Kočnice
Snelheid	Brzina
Straat	Ulici
Tunnel	Tunel
Veiligheid	Sigurnost
Verkeer	Saobraćaja
Vervoer	Prevoz
Voetganger	Pešak
Vrachtauto	Kamion
Weg	Put

Schaken
Šah

Diagonaal	Dijagonale
Kampioen	Prvak
Koning	Kralj
Koningin	Kraljica
Offer	Žrtvovanje
Passief	Pasivni
Punten	Poeni
Reglement	Pravila
Spel	Igra
Speler	Igrač
Strategie	Strategiju
Tegenstander	Protivnik
Tijd	Vreme
Toernooi	Turnir
Uitdagingen	Izazova
Wedstrijd	Takmičenje
Wit	Beo
Zwart	Crna

School #1
Школа № 1

Alfabet	Alfabet
Antwoorden	Odgovore
Bibliotheek	Biblioteke
Boeken	Knjige
Bureau	Stolu
Cijfers	Brojeve
Examens	Ispita
Klaslokaal	Učionica
Leraar	Učitelj
Lunch	Ručak
Mappen	Fascikle
Papier	Papir
Pennen	Olovke
Plezier	Zabava
Potlood	Olovka
Quiz	Kviz
Stoel	Stolica
Vrienden	Prijatelji
Wiskunde	Matematike

School #2
Школа № 2

Academisch	Akademske
Bibliotheek	Biblioteke
Boeken	Knjige
Bus	Autobus
Computer	Računar
Grammatica	Gramatike
Kalender	Kalendar
Leraar	Učitelj
Literatuur	Književnost
Onderwijs	Obrazovanje
Papier	Papir
Pennen	Olovke
Potlood	Olovka
Rugzak	Ranac
Schaar	Makaze
Schoenen	Cipele
Weekend	Vikende
Wetenschap	Nauke
Wiskunde	Matematike
Woordenboek	Rečnik

Specerijen
Začini

Anijs	Anisa
Bitter	Gorka
Gember	Đumbir
Kaneel	Cimet
Kardemom	Kardamom
Kerrie	Kari
Knoflook	Beli Luk
Komijn	Kumin
Koriander	Korijander
Kruidnagel	Karanfilić
Kurkuma	Turmeric
Paprika	Paprika
Peper	Biber
Saffraan	Šafran
Smaak	Ukus
Ui	Luk
Vanille	Vanile
Venkel	Komorač
Zoet	Slatko
Zout	So

Speelgoed
Igračke

Ambachten	Zanata
Auto	Kola
Bal	Lopta
Boeken	Knjige
Boot	Čamac
Drums	Bubnjevi
Favoriet	Omiljeni
Fiets	Bicikl
Games	Igre
Klei	Klej
Pop	Lutka
Puzzel	Slagalica
Robot	Robot
Schaak	Šah
Trein	Voz
Verbeelding	Mašte
Vlieger	Zmaj
Vliegtuig	Avion
Vrachtauto	Kamion

Sport
Спортови

Atleet	Sportista
Basketbal	Košarku
Beweging	Pokret
Fiets	Bicikl
Golf	Golf
Gymnasium	Sali
Gymnastiek	Gimnastike
Hockey	Hokej
Honkbal	Bejzbol
Kampioenschap	Prvenstvo
Scheidsrechter	Sudija
Spel	Igra
Speler	Igrač
Stadion	Stadion
Team	Tim
Tennis	Tenis
Trainer	Trener
Winnaar	Pobednik

Stad
Grad

Apotheek	Apoteke
Bakkerij	Pekara
Bank	Banke
Bibliotheek	Biblioteke
Bioscoop	Bioskop
Bloemist	Cvećar
Boekhandel	Knjižara
Dierentuin	Zoo Vrt
Galerij	Galerija
Hotel	Hotel
Kliniek	Klinici
Luchthaven	Aerodrom
Markt	Tržište
Museum	Muzej
School	Škola
Stadion	Stadion
Supermarkt	Supermarketa
Theater	Pozorište
Universiteit	Univerzitet
Winkel	Prodavnica

Strand
Plaža

Blauw	Plava
Boot	Čamac
Dok	Dok
Eiland	Ostrvo
Handdoek	Peškir
Krab	Kraba
Kust	Obale
Lagune	Lagune
Oceaan	Okean
Paraplu	Kišobran
Rif	Greben
Sandalen	Sandale
Vakantie	Odmor
Zand	Pesak
Zee	More
Zeilboot	Jedrilica
Zon	Sunce

Surfen
Сурфовање

Atleet	Sportista
Beginner	Početna
Extreem	Ekstremne
Golf	Talas
Kampioen	Prvak
Kracht	Snage
Maag	Stomak
Menigte	Gužve
Oceaan	Okean
Plezier	Zabava
Populair	Popularna
Rif	Greben
Schuim	Pena
Snelheid	Brzina
Stijl	Stil
Strand	Plaža
Weer	Vreme

Technologie
Tehnologija

Bericht	Poruka
Bestand	Datoteka
Blog	Blog
Browser	Pregledač
Bytes	Bajtova
Camera	Kamera
Computer	Računar
Cursor	Kursora
Digitaal	Digitalni
Gegevens	Podataka
Internet	Internet
Onderzoek	Istraživanje
Scherm	Ekran
Software	Softver
Statistiek	Statistika
Veiligheid	Sigurnost
Virtueel	Virtuelni
Virus	Virus

Tijd
Vreme

Dag	Dan
Decennium	Decenije
Eeuw	Vek
Gisteren	Juče
Jaar	Godina
Jaarlijks	Godišnje
Kalender	Kalendar
Maand	Meseca
Middag	Podne
Minuut	Minut
Morgen	Sutra
Na	Posle
Nacht	Noć
Nu	Sada
Ochtend	Jutro
Toekomst	Budućnost
Uur	Sat
Vandaag	Danas
Vroeg	Rano
Week	Nedelja

Tuin
Гарден

Bank	Klupa
Bloem	Cvet
Boom	Drvo
Boomgaard	Voćnjak
Garage	Garaža
Gazon	Travnjak
Gras	Trava
Hangmat	Viseća
Hark	Grablje
Hek	Ograde
Onkruid	Korov
Schop	Lopata
Slang	Crevo
Struik	Grm
Terras	Terasa
Trampoline	Trampolin
Tuin	Bašta
Veranda	Trem
Vijver	Jezeru
Wijnstok	Vajn

Vakantie #2
Одмор # 2

Bestemming	Odredište
Buitenlander	Stranac
Buitenlands	Strani
Eiland	Ostrvo
Hotel	Hotel
Kaart	Mapa
Kamperen	Kampovanje
Luchthaven	Aerodrom
Paspoort	Pasoš
Reis	Putovanje
Reserveringen	Rezervacije
Restaurant	Restoran
Strand	Plaža
Taxi	Taksi
Tent	Šator
Vakantie	Odmor
Vervoer	Prevoz
Visum	Viza
Vrije Tijd	Slobodno
Zee	More

Verjaardag
Rođendan

Blij	Radosno
Cake	Torta
Dag	Dan
Geboren	Rođen
Gelukkig	Srećan
Geschenk	Poklon
Herinneringen	Sećanja
Jaar	Godina
Jong	Mlad
Kaarsen	Sveće
Kaarten	Kartice
Kalender	Kalendar
Lied	Pesma
Plezier	Zabava
Speciaal	Posebno
Tijd	Vreme
Uitnodigingen	Pozivnice
Viering	Proslava
Vrienden	Prijatelji
Wijsheid	Mudrost

Vissen
Ribolov

Aas	Mamac
Apparatuur	Oprema
Boot	Čamac
Draad	Žice
Geduld	Strpljenja
Gewicht	Težina
Haak	Kuka
Kaak	Vilice
Kieuwen	Škrge
Kok	Kuvar
Mand	Korpi
Meer	Jezero
Oceaan	Okean
Overdrijving	Preterivanja
Rivier	Reke
Seizoen	Sezona
Strand	Plaža
Vinnen	Peraja
Water	Voda

Vliegtuigen
Avioni

Afdaling	Silazak
Atmosfeer	Atmosfera
Avontuur	Avantura
Ballon	Balon
Bemanning	Posade
Bouw	Konstrukcija
Brandstof	Gorivo
Geschiedenis	Istorija
Hemel	Nebo
Hoogte	Visina
Landen	Sletanja
Lucht	Vazduh
Motor	Motor
Navigeren	Kretanje
Ontwerp	Dizajn
Passagier	Putnik
Piloot	Pilot
Richting	Pravcu
Turbulentie	Turbulencije
Waterstof	Vodonik

Voeding
Ishrana

Bitter	Gorka
Calorieën	Kalorija
Dieet	Dijeta
Eetbaar	Jestivo
Eetlust	Apetit
Eiwitten	Proteina
Evenwichtig	Uravnotežen
Fermentatie	Fermentacije
Gewicht	Težina
Gezond	Zdrav
Gezondheid	Zdravlje
Keuzes	Izbora
Kwaliteit	Kvalitet
Saus	Sos
Smaak	Ukus
Specerijen	Začini
Spijsvertering	Varenje
Toxine	Otrov
Vitamine	Vitamin
Vloeistoffen	Tečnosti

Voertuigen
Vozila

Ambulance	Hitnu
Auto	Kola
Banden	Gume
Boot	Čamac
Bus	Autobus
Caravan	Karavan
Fiets	Bicikl
Helikopter	Helikopter
Metro	Metro
Motor	Motor
Onderzeeër	Podmornice
Raket	Raketa
Scooter	Skuter
Taxi	Taksi
Tractor	Traktor
Trein	Voz
Veerboot	Trajekt
Vliegtuig	Avion
Vlot	Splav
Vrachtauto	Kamion

Vogels
Ptice

Duif	Golub
Eend	Patka
Ei	Jaje
Flamingo	Flamingo
Gans	Guska
Kip	Pile
Koekoek	Kukavica
Kraai	Vrana
Meeuw	Galeb
Mus	Vrapca
Ooievaar	Roda
Papegaai	Papagaj
Pauw	Paun
Pelikaan	Pelikan
Pinguïn	Pingvin
Reiger	Heron
Struisvogel	Noja
Toekan	Tukan
Uil	Sova
Zwaan	Labud

Vormen
Oblici

Bol	Sferi
Boog	Luk
Cilinder	Cilindar
Cirkel	Krug
Curve	Krive
Driehoek	Trougao
Hoek	Ugao
Hyperbool	Hiperbola
Kant	Strana
Kegel	Klip
Kubus	Kocka
Lijn	Red
Ovaal	Ovalne
Piramide	Piramide
Prisma	Prizme
Randen	Ivice
Rechthoek	Pravougaonik
Ronde	Okrugli
Veelhoek	Poligona
Vierkant	Kvadrat

Wandelen
Planinarenje

Berg	Planine
Dieren	Životinje
Gevaren	Opasnosti
Kaart	Mapa
Kamperen	Kampovanje
Klif	Klif
Klimaat	Klima
Laarzen	Čizme
Moe	Umoran
Muggen	Komarci
Natuur	Priroda
Oriëntatie	Položaj
Parken	Parkova
Stenen	Kamenje
Top	Samit
Voorbereiding	Priprema
Water	Voda
Wild	Divlja
Zon	Sunce
Zwaar	Teška

Water
Voda

Douche	Tuš
Geiser	Gejzir
Golven	Talasa
Ijs	Led
Irrigatie	Navodnjavanje
Kanaal	Kanal
Meer	Jezero
Moesson	Monsun
Oceaan	Okeana
Orkaan	Uragan
Overstroming	Poplava
Regen	Kiše
Rivier	Reke
Sneeuw	Sneg
Stoom	Pare
Verdamping	Isparavanja
Vocht	Vlage
Vochtig	Vlažne
Vochtigheid	Vlažnosti
Vorst	Mraz

Weersomstandigheden
Vreme

Atmosfeer	Atmosfera
Bliksem	Munje
Donder	Grmljavina
Droogte	Suše
Hemel	Nebo
Ijs	Led
Klimaat	Klima
Mist	Magla
Moesson	Monsun
Orkaan	Uragan
Overstroming	Poplava
Polair	Polarni
Regenboog	Duga
Storm	Oluja
Temperatuur	Temperatura
Tornado	Tornado
Tropisch	Tropske
Vochtig	Vlažan
Wind	Vetar
Wolk	Oblak

Wetenschap
Nauka

Atoom	Atom
Chemisch	Hemijske
Deeltjes	Čestice
Evolutie	Evolucije
Experiment	Eksperiment
Feit	Stvari
Fossiel	Fosil
Gegevens	Podataka
Hypothese	Hipoteze
Klimaat	Klima
Laboratorium	Laboratorija
Methode	Metod
Mineralen	Minerala
Moleculen	Molekula
Natuur	Priroda
Natuurkunde	Fizike
Observatie	Posmatranje
Organisme	Organizma
Wetenschapper	Naučnik
Zwaartekracht	Gravitacije

Wetenschappelijke Discip
Naučne Discipline

Anatomie	Anatomije
Archeologie	Arheologije
Astronomie	Astronomije
Biochemie	Biohemije
Biologie	Biologije
Chemie	Hemije
Ecologie	Ekologije
Fysiologie	Fiziologije
Geologie	Geologije
Immunologie	Imunologije
Mechanica	Mehanike
Meteorologie	Meteorologije
Mineralogie	Mineralogija
Neurologie	Neurologije
Plantkunde	Botanike
Psychologie	Psihologije
Robotica	Robotike
Sociologie	Sociologije
Thermodynamica	Termodinamike
Voeding	Ishrane

Wiskunde
Matematike

Bol	Sferi
Decimaal	Decimalne
Diameter	Prečnik
Divisie	Odsek
Driehoek	Trougao
Exponent	Eksponent
Fractie	Frakcija
Geometrie	Geometrije
Hoeken	Uglova
Loodrecht	Upravno
Omtrek	Obim
Parallel	Paralelni
Parallellogram	Paralelogram
Rechthoek	Pravougaonik
Rekenkundig	Aritmetika
Symmetrie	Simetrija
Veelhoek	Poligona
Vergelijking	Jednačina
Vierkant	Kvadrat
Volume	Volumen

Zomer
Leto

Boeken	Knjige
Duiken	Ronjenje
Familie	Porodica
Games	Igre
Herinneringen	Sećanja
Huis	Kuća
Kamperen	Kampovanje
Muziek	Muzika
Ontspanning	Relaksacija
Reis	Putovati
Sandalen	Sandale
Sterren	Zvezde
Strand	Plaža
Tuin	Bašta
Vakantie	Odmor
Voedsel	Hrana
Vreugde	Radost
Vrienden	Prijatelji
Vrije Tijd	Slobodno
Zee	More

Zoogdieren
Sisari

Aap	Majmun
Bever	Dabar
Coyote	Kojota
Dolfijn	Delfin
Ezel	Magarac
Geit	Koza
Giraf	Žirafa
Gorilla	Gorila
Hond	Pas
Kameel	Kamile
Kangoeroe	Kengur
Kat	Mačka
Konijn	Zec
Leeuw	Lav
Olifant	Slon
Paard	Konj
Stier	Bik
Vos	Lisica
Walvis	Kit
Wolf	Vuk

Gefeliciteerd

Je hebt het gehaald!

We hopen dat u net zoveel plezier beleeft aan dit boek als wij aan het maken ervan. We doen ons best om spellen van hoge kwaliteit te maken.
Deze puzzels zijn op een slimme manier ontworpen zodat je actief kunt leren terwijl je plezier hebt!

Vond je ze mooi?

Een Eenvoudig Verzoek

Onze boeken bestaan dankzij de recensies die zij publiceren. Kunt u ons helpen door nu een mening achter te laten ?

Hier is een korte link die u naar uw bestellingen beoordelingspagina.

BestBooksActivity.com/Recensie50

FINAAL UITDAGING!

Uitdaging nr. 1

Klaar voor uw bonusspel? We gebruiken ze de hele tijd, maar ze zijn niet zo gemakkelijk te vinden. Hier zijn **Synoniemen!**

Noteer 5 woorden die je ontdekt hebt in elk van de onderstaande puzzels (nr. 21, nr. 36, nr. 76) en probeer voor elk woord 2 synoniemen te vinden.

Notitie 5 Woorden uit **Puzzle 21**

Woorden	Synoniem 1	Synoniem 2

Notitie 5 Woorden uit **Puzzle 36**

Woorden	Synoniem 1	Synoniem 2

Notitie 5 Woorden uit **Puzzle 76**

Woorden	Synoniem 1	Synoniem 2

Uitdaging nr. 2

Nu je opgewarmd bent, noteer 5 woorden die je ontdekt hebt in elke hieronder genoteerde puzzel (nr. 9, nr. 17, nr. 25) en probeer voor elk woord 2 antoniemen te vinden. Hoeveel regels kan je doen in 20 minuten?

Notitie 5 Woorden uit **Puzzle 9**

Woorden	Antoniem 1	Antoniem 2

Notitie 5 Woorden uit **Puzzle 17**

Woorden	Antoniem 1	Antoniem 2

Notitie 5 Woorden uit **Puzzle 25**

Woorden	Antoniem 1	Antoniem 2

Uitdaging nr. 3

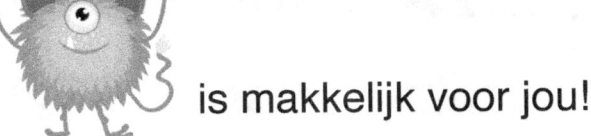

Prachtig, deze finaal uitdaging is makkelijk voor jou!

Klaar voor de laatste? Kies je 10 favoriete woorden die je in een van de puzzels hebt ontdekt en noteer ze hieronder.

1.	6.
2.	7.
3.	8.
4.	9.
5.	10.

De uitdaging is nu om met deze woorden en binnen een maximum van zes zinnen een tekst te schrijven over een persoon, dier of plaats waar je van houdt!

Tip: U kunt de laatste blanco pagina van dit boek als kladblaadje gebruiken!

Je schrijven:

NOTITIEBOEKJE:

TOT SNEL!

Linguas Classics

GENIET VAN GRATIS SPELLEN

GO

↓

BESTACTIVITYBOOKS.COM/FREEGAMES

www.ingramcontent.com/pod-product-compliance
Lightning Source LLC
Chambersburg PA
CBHW082100120626
46553CB00011B/3479